HEYNE FILMBIBLIOTHEK

GREGORY PECK
Seine Filme – sein Leben

von TONY THOMAS

Deutsche Erstveröffentlichung

**WILHELM HEYNE VERLAG
MÜNCHEN**

Deutsche Übersetzung: Alfred Dunkel
Herausgeber: Thomas Jeier

Copyright © 1977 by Pyramid Communications, Inc.
Copyright © 1979 der deutschen Ausgabe
by Wilhelm Heyne Verlag, München
Printed in Germany 1979
Umschlagfoto: Ullstein Bilderdienst, Berlin
Umschlaggestaltung: Atelier Heinrichs
Druck und Verarbeitung: Ebner Ulm

ISBN 3-453-86011-X

Inhalt

- 6 Danksagung
- 7 Der frühe Peck
- 26 Ein neuer Star
- 63 Superhelden
- 89 Der vielseitige Peck
- 115 ›Wer die Nachtigall stört‹
- 141 Der späte Peck

- 180 Die Filme von Gregory Peck
- 187 Bibliographie
- 188 Register

Danksagung

Die Hauptquelle für den Inhalt dieses Buches war die Bibliothek der Academy of Motion Picture Arts and Sciences, Los Angeles. Dafür bin ich Mildred Simpson und ihrem Stab zu Dank verpflichtet.

Fotografien: Jerry Vermilye, The Memory Shop, Eddie Brandt (Saturday Matinee, Hollywood); ferner die Firmen, welche die Filme von Gregory Peck produziert und verliehen haben.

Der frühe Peck

»Wenn ein Bankier sich mit der Führung einer Bank so viel Mühe gibt wie Gregory Peck mit der Schauspielerei, kann ein Erfolg kaum ausbleiben. Peck ist der am härtesten arbeitende Schauspieler, den ich kenne. Für ihn ist die Schauspielerei ein Handwerk. Er studiert alles, was er tut, sehr gründlich. Er ist ein Perfektionist. Für Peck ist keine Anstrengung zuviel. Er nimmt keinerlei Rücksicht auf Drehort oder Tageszeit. Er ist an allem interessiert, was dem Film helfen kann. Seine Kooperation ist vollkommen.«

Das sagt Veteran-Regisseur Henry King, dessen Karriere bis 1915 zurückreicht; er ist in Hollywood dafür bekannt, sehr direkt und ernsthaft ans Filmemachen heranzugehen.

King und Peck arbeiteten zum erstenmal bei *Twelve O'Clock High* zusammen; beide stellten fest, daß sie vieles gemeinsam hatten, was ihre Einstellung zur Arbeit betraf. Dies hatte zur Folge, daß sie noch bei fünf weiteren Filmen zusammenarbeiteten.

King fährt in seinem Loblied auf Peck fort: »Greg ist fantasievoll, intelligent und zäh; er prüft ein Drehbuch mit großer Geduld und Entschlossenheit. Er achtet auf Details und sucht nach jeder nur möglichen Interpretation einer Rolle. Wir hatten niemals ernsthafte Meinungsverschiedenheiten, aber wir führten bei jedem Film, den wir machten, lange Diskussionen. Peck ist ein sehr starker Mann und – gemessen an heutigen Maßstäben – ein seltener Mann unter Filmschauspielern, weil er nämlich ein Gentleman ist. Er hat die Integrität, die Würde, die Kraft und die noble Gesinnung eines echten Gentleman.«

Das Leinwand-Image von Gregory Peck ist sehr deutlich und bestimmt; es hat viel mit der Natur des Mannes selbst zu tun. Es ist ein sehr amerikanisches Image, und Kritiker haben sich immer dafür entschieden, es ›Lincolnesque‹ zu nennen. Es ist Zufall, daß Peck gerade Lincoln sehr intensiv studiert hat; er besitzt eine große Sammlung von Material über diese am meisten bewunderte amerikanische Gestalt.

Peck selbst wird in Hollywood sehr bewundert. Er ist ein sehr privater Mann und hat an Publicity nur geglaubt, wenn sie in direktem Zusammenhang mit seinen Filmen stand. Er war in keinerlei

Skandale verwickelt und verachtet jede Art von Stoff, mit dem Klatschkolumnisten ihre Spalten füllen.

Die Gesellschaft von Los Angeles hat vor Gregory Peck möglicherweise mehr Respekt als vor irgendeinem anderen Schauspieler. Peck war sehr großzügig, wenn es darum ging, gewisse politische (demokratische) Anliegen zu unterstützen; er hat seine Zeit gemeinnützigen Angelegenheiten gewidmet, wie z. B. der American Cancer Society, The Salk Institute, kulturellen Bemühungen in Los Angeles (besonders der Programmgestaltung vom Music Center), erzieherischen TV-Sendungen und der Unterstützung des American Film Institute und der Academy of Motion Picture Arts and Sciences.

Gelegentlich wurde Peck auch von manchen Leuten ausgenutzt, aber er hat nur selten seinem Zorn darüber Luft gemacht. Seine Freunde sagen, daß er seinen Zorn mit Höflichkeit maskiert; daß er nur sehr selten die Beherrschung verliert, obwohl Zorn ein durchaus potenter Teil seiner Natur ist. Alle, die ihn kennen, bezeichnen ihn als einen mitfühlenden Mann von tiefer Empfindungsfähigkeit, aber auch als Mann, der sich sehr gut unter Kontrolle hat.

Jemand hat Gregory Peck einmal den nettesten, aber auch langweiligsten Mann von ganz Hollywood genannt. Diese Bemerkung ist seiner Aufmerksamkeit nicht entgangen.

»Mir scheint, daß ich nicht so bin, aber ich muß es wohl doch sein. Immer wieder lese ich, daß ich wie eine Indianerfigur vor einem Zigarrenladen bin. Zugegeben, ich bin nicht gerade ein sehr demonstrativer Bursche, aber meine Gefühle werden ständig durch den Verlauf der Filmarbeiten durcheinandergerüttelt. Wenn etwas wirklich klappt, kann ich vor Freude herumspringen, aber ich bin zutiefst deprimiert, wenn etwas schiefgeht. Ich kann sehr mürrisch und launisch werden. Ich will also gern eingestehen, daß ich nicht gerade ein Mann bin, mit dem besonders leicht umzugehen ist. Es ist auch nicht so einfach, mich genauer kennenzulernen. Als Jugendlicher war ich sehr scharf aufs Rudern, und Rudern soll ja ein Sport für Introvertierte sein.«

Peck kam direkt von der New Yorker Bühne nach Hollywood, aber seinen anfänglichen Entschluß, wieder zum Broadway zurückzukehren, konnte er niemals verwirklichen. Bei genauerem Überlegen zeigt es sich, daß er ein Mann ist, der zum Filmschauspieler bestimmt war. Von Peck wurde gesagt, daß er ein besonderes Talent dafür besitzt, Aufrichtigkeit auszustrahlen. Er dagegen hat das Gefühl, daß es eher eine Frage der Konzentrationsfähigkeit ist.

»Zur Filmschauspielerei braucht man sehr viel Konzentration. Kinozuschauer sind davon fasziniert, den Gedankengängen des jeweiligen Darstellers zu folgen, besonders wenn er nicht spricht. Um diese vollkommene Entspannung vor der Kamera zu erreichen, muß man sich total konzentrieren.«

Nach seiner Meinung über seinen Erfolg in Filmen befragt, antwortete Peck bescheiden und charakteristisch: »Ich hatte eine gute Zeit . . ., und es hat Spaß gemacht.«

Gregory Peck wurde am 5. April 1916 als einziger Sohn von Gregory und Bernice Ayres Peck in La Jolla, Kalifornien, geboren. Er wurde auf die Vornamen Eldred Gregory getauft, ließ aber nach seiner Schulzeit den ersten Namen weg. Peck ist Katholik. Sein Vater war ein schwarzhaariger Ire von freundlichem Wesen. Er war so gutmütig und weichherzig, daß er sich im Geschäftsleben nicht behaupten konnte. Peck sen. hatte seinen eigenen Drugstore in La Jolla, machte aber Pleite, weil er einfach nicht imstande war, Rechnungen zu präsentieren und Schulden zu kassieren. Anschließend arbeitete er als Apotheker in San Diego. Sein Sohn erbte viel vom gutmütigen Wesen des Vaters, aber nicht dessen kavaliersmäßige Rücksicht auf Geld. Peck ist für seine finanzielle Gerissenheit bekannt; sein vorsichtiger Umgang mit seinem hohen Einkommen während der Star-Jahre hat ihn zu einem der wohlhabendsten Mitglieder des Hollywood-Establishments gemacht.

Als Peck zwei Jahre alt war, trennten sich seine Eltern. Zwar gab es mehrfache Versuche zur Aussöhnung, aber mit der Ehe war es endgültig aus, als Gregory sechs Jahre alt geworden war. Während der nächsten beiden Jahre lebte er bei seiner Mutter, abwechselnd in St. Louis und San Francisco. Aber die Verhältnisse waren äußerst dürftig. So beschloß die Mutter, nach La Jolla zurückzukehren, wo sie in einem Laden arbeitete. So war es Peck möglich, wenigstens einige Zeit bei seinem Vater zu verbringen.

Im Alter von zehn Jahren kam Peck auf die St. John's Military Academy in der Nähe von San Diego. Er wurde ein Musterkadett, sogar zum Captain befördert und erhielt einen Preis für seine Leistungen in Religion. Er gab auch die Schulzeitung heraus. Alle hiel-

Gregory Peck als Jugendlicher.

ten ihn für einen liebenswerten und wohlerzogenen jungen Mann, der sich allerdings lieber etwas abseits hielt und beobachtete, statt sich an Aktivitäten zu beteiligen. Aber er war schon damals – und daran hat sich bis heute nichts geändert – leicht zu eigener Aktivität zu bewegen. In der Rückschau bedauert Peck allerdings, daß er sich allzu lebhaft dazu hinreißen ließ.

Er gehört zu den prominentesten Leuten von Hollywood, die Beiträge für gute Sachen geleistet haben, aber »weil ich auf harmlose Art Gutes tun wollte, bin ich manchmal böse hereingefallen. Wäre ich klüger und weniger scharf darauf gewesen, anderen einen Gefallen zu tun, hätte ich so manche Situation etwas gründlicher analysiert und wäre dann bestimmt zu Hause geblieben«.

Peck schreibt seine Bereitwilligkeit, anderen gefällig zu sein, seinem Vater zu: »Ich habe zu oft ja gesagt, und das bereitet mir Ärger. Ich neige nun mal dazu, anderen Leuten gefällig zu sein, und das übertreibe ich mitunter. Genau das ist ja auch meinem Vater passiert. Er war sehr geachtet und beliebt; ich nehme an, daß ich genauso akzeptiert werden wollte. Zum Teil habe ich mir dies wohl aber auch von Nonnen und Priestern angeeignet, als ich katholische Schulen besuchte. Auch auf der Militärakademie habe ich mir einiges davon zu eigen gemacht.«

Als Peck elf Jahre alt war, heiratete seine Mutter wieder; diesmal einen Mann italienischer Abstammung: Joseph Maysuch. Er liebte das Theater und ermunterte Peck, als dieser sich für die Schauspielerei interessiert zeigte. Die Beziehung zwischen Peck und seinem Stiefvater war freundlich, aber als Peck nach Abschluß der St. John's Military Academy die San Diego High School besuchte, lebte er bei seinem leiblichen Vater, der zu dieser Zeit ebenfalls wieder heiratete.

Peck sen. wollte, daß der Sohn Arzt werden sollte. Gregory respektierte diesen Wunsch und machte einen medizinischen Vorbereitungskursus am San Diego State College. Aber sein Interesse an Medizin war nur gering. Er brach den Kursus ab und nahm bei einer Ölgesellschaft einen Job als Fahrer und Wachmann an. Peck blieb über ein Jahr bei dieser Firma. Dann gab ein Manager-Assistent unwissentlich Pecks Leben eine andere Wende, indem er großartig darauf hinwies, daß nach einem Dutzend Jahre oder so auch er – Peck – einen solchen Job haben würde. Diese Vorstellung wirkte auf Peck wie eine kalte Dusche. Er beschloß, zum akademischen Leben zurückzukehren. Er hatte sich schon früher ge-

Auf der Bühne in ›Sons And Soldiers‹ (1943); dritter von rechts. Sitzend: Geraldine Fitzgerald.

Links: Als Jody Baxter in ›The Yearling‹ – ›Die Wildnis ruft‹ (1945).

wünscht, die University of California in Berkeley zu besuchen, aber Geldmangel hatte dies unmöglich gemacht. Jetzt verfügte er über ausreichende Mittel, und dank harten Studiums und mit Hilfe einer Freundin schaffte er es schließlich, in Berkeley aufgenommen zu werden.

In Berkeley geschahen dann zwei Dinge, die sein Leben grundlegend verändern sollten.

Er war am Sport interessiert, besonders am Rudern. Aber er übernahm sich und zog sich eine Verrenkung der unteren Rücken-

Als Robert Thorn in ›The Omen‹ – ›Das Omen‹ (1976).

partie zu. Danach wurde es für ihn ziemlich schwierig, sportliche Anstrengungen zu verkraften. Das war im Sommer 1937.

Als er ein paar Jahre später in New York Schauspielunterricht nahm und sich dabei auch an Gymnastik beteiligte, zog er sich eine noch ernsthaftere Verrenkung zu. Er mußte monatelang liegen. Als Folge dieser Verletzung wurde er später vom Militärdienst befreit.

»Ich kann immer noch Pferde reiten, aber ich kann keinen Koffer aufheben. Nach hinten beugen oder Bowling, das geht nur sehr schlecht.«

Als Peck den Sport aufgeben mußte, sah er sich nach einer anderen Beschäftigung um. Gerade zu dieser Zeit trat ein Schauspielschüler an Peck heran und fragte ihn, ob er sich der Campus-Schauspieltruppe anschließen wolle, die gerade *Moby Dick* machte und einen Starbuck brauchte.

Aus dieser Einladung erwuchs bei Gregory Peck das Interesse, Schauspieler zu werden. Seiner Ansicht nach begann seine Faszination an der Darstellungskunst bereits mit seiner Beteiligung an der prunkvollen katholischen Messe, aber seine dramatische Fähigkeit begriff er zum erstenmal so richtig am San Diego State College. Hier nahm er an einem Kursus für öffentliche Rede teil; er deklamierte einen Abschnitt aus Eugene O'Neills *The Emperor Jones*. Dabei stellte er fest, daß er spielen konnte. Noch hatte er sich nicht dazu entschlossen, Schauspieler zu werden. Aber als er in Berkeley erst einmal entdeckt hatte, daß er Gefallen an der Darstellungskunst fand, änderte er seine Einstellung.

Als Starbuck kam er so gut an, daß er später in der College-Produktion von *Anna Christie* auftrat.

Nachdem er sein Studium in Berkeley abgeschlossen hatte, entschied er sich dafür, nach New York zu gehen und eine Karriere als Schauspieler anzustreben.

Aber wie alle Neulinge mußte auch Gregory Peck erkennen, daß der Broadway keineswegs mit offenen Armen auf ihn wartete. Es war Sommer 1939; so etwas wie Arbeit als darstellender Künstler gab es nur bei der Weltausstellung. Manche behaupteten später, daß Peck während dieser Periode eigentlich nichts anderes als ein marktschreierischer Kundenfänger war, während andere bezweifelten, daß der würdevolle Peck jemals etwas so Derbes gewesen war. »Ich war damals ein ›Sprecher‹, also ein Mann, der ständig den gleichen Text wiederholte.«

Er sprach im Meteor Speedway; das war eine hölzerne Kuppel mit zwölf Meter hohen Wänden. Darin wurden zahlungswillige Besucher in einem Raupenfahrzeug mit einer Geschwindigkeit bis zu fünfzig Stundenmeilen herumgeschleudert.

Peck erinnert sich, damals etwa folgendes angesagt zu haben: »Eine Meile pro Minute, Leute! Rund um die aufrechten Wände einer Schale! Pro Sekunde ein erregender Schauer! Trotzen Sie den Gesetzen der Schwerkraft! Passen Sie auf! Es geht los!«

Damit verdiente er fünfundzwanzig Dollar pro Woche, schrie sich aber fast die Stimme aus dem Hals. Seinen freien Tag benutzte er dazu, verzweifelt nach einer weniger anstrengenden Beschäftigung zu suchen.

Schließlich bekam er einen Job beim Rockefeller Center; für den Lohn von 1,50 Dollar pro Tour mußte er Touristen herumführen.

An den Abenden hatte er Schauspielunterricht. Am Tag war er so müde, daß er gelegentlich auf falsche Gebäude zeigte. Während eines Rundgangs schlief er sogar einmal ein. Beschäftigung fast rund um die Uhr war eben doch etwas zu viel für ihn.

Ende 1939 bekam Peck ein Stipendium für zwei Jahre an der Neighborhood Playhouse School of the Theatre, verbunden mit fünfzig Dollar pro Monat für den Lebensunterhalt. Damals gehörte es zur Politik vom Playhouse, junge und vielversprechende Leute finanziell zu unterstützen. Peck besserte sein bescheidenes Einkommen dadurch auf, daß er als Dressman für Bekleidungskataloge Modell stand.

Als Peck sich am Gymnastikunterricht beteiligte, zog er sich die zweite Rückenverletzung zu. Ein paar Jahre lang mußte er ein Stützkorsett tragen.

Beim Playhouse war man ihm behilflich, Arbeit bei Sommertheater-Tourneen zu finden, und zwar schon nach seinem ersten Semester. 1940 bekam er einen Preis, der ihn zum Barter Theatre in Abington, Virginia, brachte. Außer einigen anderen Rollen trat er hier mit Diana Barrymore in *Captain Jinks of the Horse Marines* auf. Der Preis war von Dorothy Stickney gestiftet worden; die Schauspielerin war die Ehefrau des Autoren Howard Lindsay. Ein Schauspieler-Küken konnte kaum mehr Glück haben, um die Elite auf sich aufmerksam zu machen.

Mit seiner Frau Greta und den Kindern Jonathan und Stephen im Jahre 1947.

Den Sommer 1942 verbrachte Peck beim Cape Playhouse in Dennis, Massachusetts; hier spielte er verschiedene Rollen.

Zu dieser Zeit näherte sich ihm Maynard Morris von der Leland Hayward Agency mit der Bitte, ihn vertreten zu dürfen.

Peck war damit einverstanden, denn er hatte inzwischen erkannt, daß für ihn der Zeitpunkt gekommen war, sich von einem Agenten betreuen zu lassen.

Am Ende seines zweiten Semesters beim Playhouse wurde Regisseur Guthrie McClintic auf ihn aufmerksam. Er versprach, den jungen Schauspieler einzusetzen, sowie sich etwas Passendes für ihn ergeben würde. Er hielt sein Wort, und als Peck nach New York zurückkehrte, bot McClintic ihm die kleine Rolle des Mr. Denby in einer Tournee-Produktion von Shaws *The Doctor's Dilemma* an. Die Hauptrolle spielte McClintics gefeierte Ehefrau Katherine Cornell.

Peck machte sich bei den McClintics beliebt, und unter ihrer Führung und Ermutigung bekam er einen guten Start beim Theater.

Er machte sich aber auch bei Miß Cornells Kosmetikerin und Friseuse Greta Konen beliebt, die er am 4. Oktober 1942 heiratete. Sie bekamen drei Söhne: Jonathan, Stephen und Carey Paul. 1955 ließen sie sich scheiden.

Peck war beschwingt von seinem großen Glück, schon so bald nach Beginn seiner Karriere der Protegé der McClintics zu werden und sich auf diese Weise auf so hoher Ebene präsentieren zu können.

Für ihren Artikel in *Films in Review* (März 1967) erhielt Jeanne Stein diesen Bericht von Peck: »Miß Cornell bedeutete für mich den ganz großen Umschwung. Sie gab mir die Chance, selbst herauszufinden, ob ich mit Professionals auf dieselbe Bühne gehörte oder nicht. Nach *The Doctor's Dilemma* setzten sie und McClintic mich in *Rose Burke* ein, dem Stück von Henri Bernstein mit Miß Cornell. Ich sprang als Philip Merivale ein und probte diese Rolle mit Miß Cornell. Es war die beste Ausbildung, die ich hätte haben können. Ich wurde zwar nie in dieser Rolle eingesetzt, aber ich wäre dazu bereit und imstande gewesen. Die Tatsache, daß Miß Cornell zu mir Vertrauen hatte, gab auch mir selbst Vertrauen. Zu meiner Überraschung erfuhr ich auch noch, daß Miß Cornell, obwohl sie die First Lady des amerikanischen Theaters war, sehr scheu war und ihr Lampenfieber niemals ganz überwinden konnte.

Ich sah sie vor ihren Auftritten hinter der Bühne. Sie war stets schrecklich aufgeregt und zitterte. Doch dann betrat sie die Bühne und hatte sich augenblicklich in der Gewalt. Sie strahlte Selbstsicherheit, Anmut und Vornehmheit aus. Seitdem habe ich beobachtet, daß viele großartige Schauspieler ständig mit Lampenfieber zu kämpfen haben, selbst noch nach jahrelangem Erfolg. Es scheint also durchaus zutreffend zu sein, daß Mut nicht so sehr das Fehlen von Angst ist, sondern eher die Fähigkeit, Angst zu überwinden und zu tun, was getan werden muß.«

Gregory Pecks erste größere Bühnenrolle in New York war die Hauptrolle in *Morning Star* von Emlyn Williams. Der Autor hatte diese Rolle in London selbst gespielt; die Rolle eines Medizinstudenten, der sich nach einem Nervenzusammenbruch mit einer mitfühlenden Prostituierten zusammentut.

Die Premiere des Stückes fand am 14. September 1942 am Plymouth Theatre statt. Das Stück lief aber nur vier Wochen. Kritiker schienen der Meinung gewesen zu sein, daß es für amerikanischen Geschmack einfach zu britisch war, aber fast alle Kritiker zollten Gregory Peck für seine Darstellung großes Lob.

Brooks Atkinson von *The New York Times* war beeindruckt und meinte, daß Peck ›ein ungewöhnlicher Typ‹ sei; dies ist tatsächlich das Besondere an der Persönlichkeit des Schauspielers.

Peck wurde sofort eine andere Rolle angeboten, und zwar in *The Willow and I* von John Patrick. Die Uraufführung fand am folgenden 10. Dezember im Windsor Theatre statt. Als Partner von Martha Scott und Barbara O'Neil spielte Peck die Doppelrolle eines Arztes und dessen Sohnes. Wieder zollten ihm die Kritiker höchstes Lob. Jetzt wurde er sogar schon als Matinee-Idol bezeichnet.

Als nächstes kam die Tournee-Produktion von *Punch and Juliette*. Hier wurde er neben der angesehenen Jane Cowl eingesetzt.

Dann spielte er als Partner von Geraldine Fitzgerald die männliche Hauptrolle in *Sons and Soldiers*. Das Stück wurde am 4. Mai 1943 im Morosco Theatre uraufgeführt. Es war die schwierigste Rolle, die Peck bisher gespielt hatte, verlangte sie doch von ihm, eine Fantasie-Figur in Irwin Shaws Antikriegsdrama darzustellen. Er hatte insofern Glück, daß es sich bei dem Regisseur um den großen deutschen Künstler Max Reinhardt handelte, der Schauspielern gegenüber ein antreibender, aber auch inspirierender Mann war.

Die Hayward Agency riet Peck, nicht im Shaw-Stück aufzutre-

ten, weil es sich dabei um so etwas wie ein Experiment handelte; sollte das Stück durchfallen, konnte dies Pecks ständig wachsendem Prestige schaden. Aber Peck war entschlossen, sich die Chance, mit Max Reinhardt zu arbeiten, nicht entgehen zu lassen. Das Erlebnis erwies sich als profitable Erfahrung. Der berühmte Regisseur machte den jungen Schauspieler auf etwas sehr Wertvolles aufmerksam. Peck berichtet darüber: »Ich hatte eine Szene, mit der ich nicht fertig werden konnte. Darin mußte ich eine Zeitlang ununterbrochen lachen. Ich fühlte mich dabei höchst unbehaglich. Reinhardt, der etwas kleiner war als ich, kam zu mir heran und sagte so leise, daß die anderen es nicht hören konnten: ›Sie wissen, daß dies nur ein Spiel ist, und Sie und ich, wir können auf immer und ewig solche Spiele spielen, weil wir beim Theater sind. Aber die Leute im Zuschauerraum mußten damit aufhören, als sie zwölf Jahre alt waren. Also, los jetzt! Sie können's tun!‹«

Mitte 1943 hatte Peck bereits mehrere Angebote aus Hollywood erhalten, aber keins, dessen Annahme ihm die Hayward Agency hätte empfehlen können. Dort wußte man, daß es relativ leicht gewesen wäre, Peck Arbeit beim Film zu verschaffen, aber man hielt es für besser, bei ihm das Interesse daran langsam wachsen zu lassen.

Peck selbst war mit seinem Erfolg als Bühnenschauspieler sehr zufrieden. Er glaubte, sein Metier gefunden zu haben. Außerdem war er vor über zwei Jahren bei Testaufnahmen abgeschreckt worden und scheute seitdem vor Filmarbeit zurück.

Im Frühjahr 1941 wurde Peck von David O. Selznicks östlichem Repräsentanten Kay Brown entdeckt, der einen Test für ihn in New York arrangierte.

Man gab Peck zwei kurze Szenen aus *This Above All* und *The Young in Heart*.

Selznicks Reaktion war vernichtend:

Leider muß ich sagen, daß ich nicht weiß, was wir mit Gregory Peck tun könnten. Vielleicht könnte ihn ein großes Studio verwenden, aber wir würden allergrößte Schwierigkeiten haben, ihn entweder für uns selbst einzusetzen oder andere Studios dazu zu bringen, ihn zu benutzen, wenn sie ihn nicht unter Vertrag haben. Er läßt sich wie Abe Lincoln fotografieren, aber falls er auch eine große Persönlichkeit besitzt, so ist sie meines Erachtens aus diesen Testaufnahmen nicht zu ersehen.

Nach Ihrem Interesse an ihm zu schließen, muß er ein guter, legitimer Schauspieler sein. Seine Darstellung in der Szene aus *This Above All* ist zwar zufriedenstellend, wenn man berücksichtigt, wieviel Arbeit an einem einzigen Tag getan wurde, und wenn man auch die übrigen Umstände in Betracht zieht, unter denen diese Arbeit verrichtet wurde, aber es besteht kein Anlaß, darüber in Aufregung zu geraten.

Dies war ein Memo, das Selznick später bedauern würde. Er wurde dann auch einer von Pecks größten Förderern und hatte großen Anteil am frühen Erfolg des Schauspielers in Hollywood.

Aber daß Peck schließlich doch zum Filmgeschäft kam, dafür war in der Hauptsache der Drehbuchautor Casey Robinson verantwortlich. Er gründete seine eigene Produktionsfirma und verkündete seine Absicht, künstlerische und ungewöhnliche Filme zu machen.

Im Sommer 1943 war Peck bereit, sich etwas ernsthafter Vorschläge anzuhören, auf der Leinwand zu erscheinen. Zwar hatte er sich in New York einen Namen machen können, aber von finanziellen Erfolgen konnte kaum die Rede sein. Keines der Broadway-Stücke, in denen er auftrat, hatte eine längere Laufzeit.

Als Robinson auftauchte und um Pecks Aufmerksamkeit warb, indem er von Geld und künstlerischer Integrität sprach, fand er einen bereitwilligen Zuhörer. Robinson erklärte, daß seine Gesellschaft klein und intim sein würde. Das hörte sich für Peck an, als würde sie unter den gleichen Bedingungen geführt werden, die er beim Theater so sehr respektiert und geachtet hatte.

Gregory Peck unterschrieb bei Casey Robinson und bekam die männliche Hauptrolle in *Days of Glory*. Sein Name erschien an zweiter Stelle hinter dem Namen der russischen Ballerina Tamara Toumanova. Mit ihr war Robinson verlobt, und er hoffte, aus ihr einen Filmstar machen zu können. Das sollte jedoch bei weitem nicht der Fall sein.

Days of Glory war Robinsons einzige selbständige Produktion, und alle daran Beteiligten wollten sie später am liebsten wieder vergessen.

Aber der Film diente zumindest dazu, Gregory Peck der Filmwelt vorzustellen und die meisten Studios zu veranlassen, fieberhaft um seine Dienste zu bitten. Keine kleinen Rollen, keine Studio-Lehre . . ., sondern direkt zur Spitze!

Ein neuer Star

Wenn *Days of Glory* (1944) heute überhaupt noch erwähnt wird, dann allenfalls als Hinweis darauf, daß es Gregory Pecks erster Film war. Es ist einer der längst vergessenen Hollywood-Filme, von dem man sagte, daß es ein armseliges Stück Arbeit war. Auch der Erfolg an den Kinokassen war nur recht mäßig.

In Wirklichkeit war es jedoch ein geschickt gemachter, wenn auch überernster Tribut an die russischen Kriegsbemühungen.

Wie MGMs *Song of Russia* und Warners *Mission to Moscow* wurde es bald eine Sache, welche die Filmemacher in Kalifornien möglichst schnell in Vergessenheit geraten lassen wollten.

Casey Robinson schrieb das Drehbuch zu diesem Film, den er auch selbst produzierte. Er gab sich Mühe, seinem Film einen Anstrich von Qualität zu verleihen. Er kündigte seinen männlichen Star sogar als *Mr.* Gregory Peck an; eine Affektiertheit, die Peck noch heute zusammenzucken läßt.

Days of Glory beschreibt, wie eine Gruppe von russischen Guerillakämpfern bemüht ist, der deutschen Armee Schwierigkeiten zu bereiten. Peck spielt den Anführer dieser Gruppe. Es geht um die Beziehungen der Partisanen untereinander, um ihre Herkunft und um ihre Gefühle hinsichtlich Krieg und Tod. Es gibt gut inszenierte Kampfszenen; die Guerillas greifen deutsche Einheiten und Panzer mit Schußwaffen und selbstgebastelten Benzinbomben an.

Kernpunkt der Story ist die Liebe, die sich zwischen dem Anführer der Guerillas und einer etwas mysteriösen Ballett-Tänzerin (Toumanova) anbahnt und entwickelt. Die Tänzerin macht ihren Weg von Moskau aus durch die Kampflinien und ist versessen darauf, die Partisanen zu unterhalten. Sie gewinnt deren Respekt, als sie sich ihnen anschließt und sich am tatsächlichen Kampfgeschehen beteiligt.

Für Peck war dieser Film als Übungsgelände sehr nützlich. Immerhin hatte er ja noch keinerlei Erfahrung vor der Kamera. Er begriff sehr rasch den ungeheuren Unterschied zwischen Bühnen- und Leinwanddarstellung.

›*Days of Glory*‹ (1944); mit Tamara Toumanova.

›Days of Glory‹ (1944); als Wladimir.

Mit Belustigung blickt er auf die Tatsache zurück, daß man gerade ihn damals beinahe mit Ehrerbietung behandelte, als wäre er ein hochgeschätzter Star des Theaters gewesen. In Wirklichkeit versuchte er verzweifelt, sich einem neuen Erlebnis und den damit verbundenen Erfahrungen anzupassen.

Als Hauptunterschied zwischen den beiden Medien fand er den Gebrauch der Stimme heraus. Während seiner Ausbildung am Theater hatte man ihm beigebracht, jede Silbe klar und deutlich auszusprechen, damit der Text auch im hintersten Winkel eines Theaters gut zu verstehen war.

Während der Dreharbeiten für *Days of Glory* bekam Peck von Regisseur Jacques Tourneur genau gegenteilige Anweisungen.

»Tourneur brachte mir etwas bei, was ich lernen mußte. Er kritisierte meine präzise Aussprache und forderte mich auf: ›Reden Sie gewöhnlicher!‹ Er wies mich darauf hin, daß sich das Mikrofon ja nicht weit von mir entfernt befand. Meine Stimme brauchte also nicht bis in den entferntesten Winkel eines großen Zuschauerraumes zu dringen. Mit der Toumanova hatte er das gegenteilige Problem. Sie war es gewöhnt, sich vor allem durch Bewegung auszudrücken, und deshalb sprach sie nur sehr leise. Ihr mußte er beibringen, lauter und deutlicher zu sprechen, während er meine Lautstärke drosselte. Er war ein guter Lehrer.«

Wenn *Days of Glory* schon weiter nichts war, dann aber wenigstens ein guter Pilotfilm für Peck. Noch bevor der Film in den Verleih kam, hatte sich bereits die Kunde von Pecks großem Können von Mund zu Mund verbreitet, und das veranlaßte die meisten Studios, sich um seine Dienste zu bewerben. Er war eine heißbegehrte Ware in schlechten Zeiten. Schauspieler, die dazu bestimmt waren, strahlende Stars zu werden, waren zwar schon immer gesucht, aber gerade im Jahre 1944 waren sie besonders knapp, also Mangelware. Viele der namhaftesten Schauspieler waren der Branche durch den Krieg entrissen worden. Viele andere wurden zum Militärdienst eingezogen, so daß es kaum noch Ersatz gab.

Daß ein großer, stattlicher und – wie behauptet wurde – auch sehr talentierter Schauspieler plötzlich im Angebot war, löste bei den Studios fast so etwas wie Panik aus.

Die Situation, der sich Gregory Peck zu dieser Zeit gegenübersah, dürfte wahrscheinlich so schnell keinem anderen Schauspieler mehr zuteil werden; buchstäblich jedes Studio unterbreitete ihm höchst lukrative Angebote.

Aber statt nur ein einziges Angebot exklusiv anzunehmen, beschlossen Peck und die Hayward Agency, Abmachungen mit mehreren Studios zu treffen. Das garantierte Peck auf Jahre hinaus Vollbeschäftigung.

So wurden Verträge mit Twentieth-Century-Fox, MGM und David O. Selznick unterschrieben, der seine vor zwei Jahren geäußerte Meinung drastisch geändert hatte.

Selznick kündigte an, daß er Peck als Star in vier vorgesehenen Projekten einsetzen würde: *Duel in the Sun*, *The Yearling*, *The Razor's Edge* und *The Robe*.

Die Verhandlungen wurden kompliziert, was zum Teil darauf zurückzuführen war, daß Casey Robinson, der beschlossen hatte, keine Filme mehr unter eigenem Banner zu machen, Peck immer noch unter Vertrag hatte und nun seine Rechte an andere Gruppen verkaufte. Die Komplikationen wurden ausgebügelt; während dieser Zeit gingen verschiedene Rechte von einer Hand in die andere über.

Aber welcher Art auch immer diese Verschiebungen sein mochten, der brandneue, achtundzwanzigjährige Schauspieler hatte allen Grund, sich auf dem Gipfel der Welt zu fühlen.

Pecks Stapellauf zum Starruhm begann mit Darryl F. Zanucks Entscheidung, ihm die männliche Hauptrolle in der ehrgeizigen Verfilmung von A. J. Cronins Roman *The Keys of the Kingdom* (›Schlüssel zum Himmelreich‹, 1945) zu übertragen. Es war ein wagemutiger Entschluß, Gregory Peck in einem Film mit einem für damalige Verhältnisse noch sehr hohen Budget von drei Millionen Dollar einzusetzen.

Joseph L. Mankiewicz, der sowohl Produzent als auch Co-Autor des Drehbuches war (zusammen mit Nunnally Johnson), war alarmiert, daß man Peck ausgewählt hatte . . . bis er den jungen Schauspieler kennenlernte und mit ihm probte. Das Endprodukt brachte dem Studio Profit und Peck eine Oscar-Nominierung ein.

Von Zanuck war es klug, einen Unbekannten einzusetzen; ein dem Publikum vertrauter Schauspieler hätte vielleicht doch Schwierigkeiten mit diesem langen Bericht über einen Priester gehabt, dessen Lebensweg von einem sehr jungen Mann bis zu einem Siebzigjährigen geschildert wird.

›The Keys of the Kingdom‹ – ›Schlüssel zum Himmelreich‹ (1945); als Vater Francis Chisholm.

The Keys of the Kingdom ›Schlüssel zum Himmelreich‹ erzählt die Geschichte eines demütigen und mitfühlenden Mannes namens Francis Chisholm und dessen unerschütterlichem Gottesglauben. Die Geschichte beginnt in Schottland mit einer Reihe von Tragödien im Leben des jungen Mannes: dem Tod seiner Eltern durch Ertrinken sowie der unglücklichen Liebe zu einem Mädchen, das nach der Geburt eines unehelichen Kindes von einem anderen Mann stirbt. Jetzt wendet er sich der Kirche zu, versagt aber in zwei Unterpfarreien. Sein Leben ändert sich, als er eine Mission in China akzeptiert. Dort, inmitten fremder Leute und Sitten, findet er seinen Lebenszweck: Er kümmert sich um Kranke und Arme. Er hilft dem Sohn eines Mandarins; aus Dankbarkeit ist der chinesische Edelmann Chisholm beim Aufbau seiner Pfarrgemeinde behilflich. Im Lauf der Jahre sieht er seinen Einfluß wachsen und empfängt das Lob seiner Vorgesetzten. Er findet Kommunion mit Gott. Zusammen mit seinen chinesischen Schutzbefohlenen überlebt er viele Probleme und Konflikte, wozu auch ein Bürgerkrieg gehört. An einer Stelle greift er sogar ins Kampfgeschehen ein und zerstört eine Geschützstellung, um seine Pfarrei zu retten. Aber er kann nicht verstehen, warum seine Kirche von ihm im hohen Alter verlangt, China zu verlassen und nach Großbritannien zurückzukehren.

Am Ende lernt er aber doch, seinen Ruhestand in seinem Heimatdorf zu akzeptieren, vor allem dann, als es ihm gelingt, sich mit den jungen Dorfbewohnern anzufreunden.

Nach dem Erfolg von *The Keys of the Kingdom* (›Schlüssel zum Himmelreich‹) wurde Gregory Peck zu einer noch heißer begehrten Ware in Hollywood. Er brauchte jetzt erfahrene Führung, und zum Glück bekam er sie auch von Leland Hayward, der scharfsinnig begriff, daß der Schauspieler ein ziemlich eigenwilliger Typ war. Nachdem Hayward *Keys* gesehen hatte, sagte er zu Peck: »Ich glaube, Sie waren wunderbar in diesem Film, aber ich glaube nicht, daß Sie jemals die Fähigkeit entwickeln werden, einfach alles zu spielen. Sie werden immer den richtigen Stoff brauchen.«

Die Zeit hat bewiesen, wie recht Leland Hayward damals gehabt hatte, und das gibt Peck heute auch bereitwillig zu.

Als nächstes Projekt empfahl Hayward, daß Peck das Angebot von MGM annehmen sollte, als Co-Star von Greer Garson in *The Valley of Decision* (›Die Entscheidung‹, 1945) aufzutreten.

Die Garson war bereits ein großer Star, und eine Filmversion des

›The Keys of the Kingdom‹ – ›Schlüssel zum Himmelreich‹ (1945); mit Sir Cedric Hardwicke.

Bestsellerromans von Marcia Davenport hätte als Frauenfilm ganz bestimmt großen Anklang gefunden.

Das war dann auch der Fall, wie sich herausstellte, zumal MGM ein großes Budget für diese epische Story um eine machtvolle Familie in der Pittsburgh-Stahlindustrie um die Jahrhundertwende bereitstellte.

Louis B. Mayer war scharf darauf, Peck einen Siebenjahresvertrag unterschreiben zu lassen. Als der Schauspieler dies ablehnte,

›The Valley of Decision‹ – ›Die Entscheidung‹ (1945); mit Dan Duryea und Donald Crisp.
Rechts: ›The Valley of Decision‹ – ›Die Entscheidung‹ (1945); mit Greer Garson.

war Mayer ziemlich betrübt. Er führte die Namen der vielen Stars ins Treffen, die er schon geschaffen hatte, und er versprach, daß er dies auch für Peck tun könnte. Als Mayer auch damit nichts erreichte, brach er zusammen und weinte.

Peck erinnert sich: »So etwas habe ich nie zuvor und auch später nie wieder gesehen.«

Peck beharrte auf seinem Standpunkt, konnte die begehrte Rolle aber erst bekommen, als er sich für drei Filme bei MGM verpflichtete. Er stimmte schließlich zu und bekam die nicht gerade sehr

hohe Gage von 45 000 Dollar für den ersten Film; für jeden weiteren sollte er zehntausend mehr erhalten.

The Valley of Decision (›Die Entscheidung‹) ist im Grunde genommen das Märchen vom Aschenputtel. Greer Garson in der nicht gerade sehr überzeugenden Besetzung als Dienstmädchen bringt Charme und Humor in die Story. Für Peck bedeutete es keine sonderliche Anstrengung, den leichtlebigen Sprößling der Familie zu spielen. Wenn er heute allerdings darauf zurückblickt, findet er das ganze Unternehmen längst nicht mehr so interessant, wie es damals den Anschein gehabt hatte.

Seine Rolle verlangte von ihm, sich in das Dienstmädchen zu verlieben, was allerdings der Familie gar nicht recht war.

Das Mädchen, sowohl intelligent als auch mitfühlend, wird zu einer führenden Kraft im Haus, aber als der Sohn ihr einen Heiratsantrag macht, lehnt sie ab, weil sie das Gefühl hat, daß eine Ehe nicht gutgehen würde. Sie reist nach Europa. Aber der Sohn findet einen Verbündeten in seinem Vater (Donald Crisp), der das Mädchen nach Pittsburgh zurückbringt. Die Heiratspläne werden durch einen Stahlarbeiterstreik unterbrochen, in dessen Verlauf es zu gewalttätigen Auseinandersetzungen kommt. Sowohl das Familienoberhaupt als auch der Vater des Mädchens (Lionel Barrymore) finden dabei den Tod. Aber nach einigen weiteren Schwierigkeiten und Rückschlägen gibt es dann für die beiden Liebenden doch ein Happy-End.

The Valley of Decision (›Die Entscheidung‹) ist als schillernde *soap opera* von MGM recht interessant. Dazu kommt die erstklassige Fotografie von Joseph Ruttenberg. Der Film spielte gutes Geld ein und förderte – wie nicht anders zu erwarten war – die Popularität von Greer Garson und Gregory Peck.

Nächster Stopp: David O. Selznicks Lager und wiederum eine sichere Sache. Gregory Peck als Partner von Ingrid Bergman in *Spellbound* (›Ich kämpfe um dich‹, 1945).

Spellbound steigerte zwar Pecks Popularität (wie Selznick klugerweise vorausgesehen hatte), aber von seiner Darstellung in diesem Film hält der Schauspieler nicht allzuviel. Weder mit Selznick noch mit Alfred Hitchcock war leicht umzugehen oder zu arbeiten. Es half Peck auch nicht, daß er einen nicht allzu plausiblen Charakter zu spielen hatte, und wenn der Film auch den Status eines kleinen Klassikers hat, so ist er im Grunde genommen doch nichts weiter als ein überreifes Melodrama.

›Spellbound‹ – ›Ich kämpfe um dich‹ (1945); mit Ingrid Bergman.

An sich begann alles damit, daß Selznick sich einer psychiatrischen Behandlung unterzog. Anlaß dazu war sein psychischer Zustand, nachdem er seine Ehefrau Irene verlassen hatte, weil er sich in Jennifer Jones verliebt hatte. Dazu kam noch seine arbeitsmäßige Überlastung. Von dieser psychiatrischen Behandlung war er jedoch so fasziniert, daß er die Rechte an dem Roman *The House of Dr. Edwardes* von Francis Beeding kaufte. Er beauftragte Ben Hecht mit der Umschreibung für die Leinwand. Hitchcock wurde gebeten, die Regie zu übernehmen.

›Spellbound‹ — ›Ich kämpfe um dich‹ (1945); mit Ingrid Bergman.

Hitchcock begriff, daß Selznicks und Hechts Faszination für Psychiatrie etwas zu ernst gemeint war. Deshalb entschied er sich dafür, statt dessen lieber das Spannungsmoment des Plots in den Vordergrund zu stellen. Er verlangte auch die Dienste des surrealistischen Malers Salvador Dali; er sollte die Bühnenbilder schaffen, um die Träume des von Amnesie befallenen Arztes, dargestellt von Gregory Peck, zu illustrieren. Allerdings sah sich Hitchcock gezwungen, diesen seltsamen Künstler etwas zu bremsen, um allzu krasse Auswüchse zu vermeiden. Nimmt man dazu noch die scharfe Schwarzweißfotografie von George Barnes und die berühmte Musik von Miklos Rosza, so verleiht dies alles *Spellbound*

(›Ich kämpfe um dich‹) mehr als es das Script verdiente. Als man Ingrid Bergman das Script vorlegte, war auch sie nicht gerade sehr erfreut darüber, weil ihre Rolle – die einer intellektuellen und in ihren Emotionen sehr beherrschten Psychiaterin – lächerlich gemacht wurde. Sie mußte sich Hals über Kopf in ihren Patienten, also in den schizophrenen Arzt verlieben. Bei Selznick konnte sie ein paar Punkte gewinnen, aber nicht viele. Aber der Film wird von der Darstellung der Bergman getragen, und das hilft auch Peck.

Der Story zufolge muß Peck als neuer Chef einer psychiatrischen Klinik auftreten und gilt als berühmte Kapazität auf dem Gebiet des Schuldkomplexes. Es wird jedoch bald offensichtlich, daß er nicht der Mann ist, der er zu sein scheint. Er ist selbst geistig krank und möglicherweise der Mörder des Mannes, für den er sich hält. Er ist von seiner Schuld überzeugt, obwohl er sich an nichts aus seiner Vergangenheit erinnern kann. Die Bergman verliebt sich ernsthaft in ihn und beschließt, seine Probleme zu lösen. Dabei entdeckt sie, daß der wahre Mörder der pensionierte Leiter der Anstalt ist, also der Mann, den Peck ersetzen sollte.

Obwohl Peck, wie er selbst eingesteht, einige Unzulänglichkeiten in dieser Rolle aufweist, brachte sie ihm viele Fans ein, nachdem der Film in den Verleih gekommen war.

Selznick war entzückt über den deutlich vernehmbaren Beifall der Frauen bei Pecks erstem Auftreten. Das überzeugte Selznick noch mehr davon, einen wertvollen Darsteller unter Vertrag zu haben.

Peck blieb das natürlich nicht verborgen. Er sagt: »David setzte mich mit der Bergman zusammen ein, als diese bereits ganz oben auf der Leiter des Erfolges angekommen war. So bekam ich in gewissem Sinn eine Freifahrt und wurde einem größeren Publikum vorgestellt.« Bei seiner Kritik über seine Arbeit in *Spellbound* (›Ich kämpfe um dich‹) geht Peck härter mit sich ins Gericht, als er es nötig hat: »Ich war lausig!« Glücklicherweise waren Publikum, Selznick und Hitchcock nicht dieser Meinung.

Während die Dreharbeiten bei Pecks ersten vier Filmen relativ gut vonstatten gegangen waren, mußte er auch noch kennenlernen, wie anstrengend und mühsam die Arbeit bei Produktionen sein konnte, die nicht so glatt verliefen.

Sowohl *The Yearling* (›Die Wildnis ruft‹) als auch *Duel in the Sun* (›Duell in der Sonne‹) dauerten in verschiedenen Produktionsphasen über ein Jahr. Termine überschnitten sich. Peck war gezwungen, ständig hin und her zu pendeln. Beide Filme wiesen eine komplexe Konstruktion auf und erforderten lange Außenaufnahmen. Es gab Probleme über Probleme.

Aber für Peck war es interessant, denn jeder Film verlangte von ihm, einen ganz anderen Charakter darzustellen; für *The Yearling* (›Die Wildnis ruft‹) mußte er solide, anständig und freundlich sein, für *Duel in the Sun* (›Duell in der Sonne‹) dagegen mußte er sich grob und lasterhaft geben.

Selznick hatte einen Anteil an *The Yearling* (›Die Wildnis ruft‹), gab ihn aber auf, als er begriff, daß *Duel in the Sun* (›Duell in der Sonne‹) ihn für lange Zeit beschäftigen würde. Auch er war der Ansicht, daß beide Filme für Gregory Peck gut sein würden, weil sie erheblichen Kontrast aufwiesen.

Marjorie Kinnan Rawlings' Roman *The Yearling* war eine beliebte und idealisierte Betrachtung des amerikanischen Farmlebens. MGM bot alles auf, um den Stoff in ein Leinwandepos zu verwandeln. So ganz erreichte der Film dieses Ziel nicht, aber er fand bei einer großen Zuschauerschar lebhaften Anklang und brachte dem Studio erheblichen Profit.

Es wurde viel Mühe für schwierige Außenaufnahmen in den Everglades in Florida investiert. Es gab sehr viel verdorbenes Aufnahmematerial. Viele Passagen mußten in den Tonstudios noch einmal gedreht werden. Technicolor, die sehr schön entworfenen Sets von Cedric Gibbons und Paul Groesse sowie die Musik von Herbert Stothart (basierend auf Delius-Themen) verliehen dem Film, was Peck als ›Walt-Disney-Gefühl‹ beschreibt. Aber seiner Ansicht nach wurde alles etwas zu üppig gemacht.

Penny Baxter ist ein Florida-Farmer, der sich nur mühsam seinen Lebensunterhalt zusammenkratzt; er muß seine Frau (Jane Wyman) und seinen empfindsamen elfjährigen Sohn Jody (Claude Jarman jr.) ernähren. Das Familienleben verläuft freundlich, aber die Mutter muß als Ausgleich zum weichherzigen Vater etwas strenger sein. Der Vater leidet immer noch unter dem Verlust von vier früheren Kindern. Als Jody darum bittet, ein eigenes Tier großziehen zu dürfen, lehnt die Mutter dies ab, weil man kaum genügend Nahrung für sich selbst hat. Baxter versucht den Jungen zu entschädigen, indem er ihn auf Jagdausflüge mitnimmt. Bei einem solchen Trip entgeht der Vater nur mit knapper Not dem Tod durch einen giftigen Schlangenbiß. Aber schließlich findet Jody ein verlassenes Rehkitz, und diesmal können die Eltern dem flehentli-

›The Yearling‹ – ›Die Wildnis ruft‹ (1946); mit Claude Jarman jr. und Jane Wyman.

chen Bitten des Jungen, das Tier behalten zu dürfen, nicht widerstehen.

Das Rehkitz wird jedoch zu einem sehr großen Problem, das ausschlaggebende Bedeutung für die Wert- und Moralbegriffe des Jungen gewinnt. Als das Tier zum Jährling wird, wird es zugleich zu einer Bedrohung für die Baxters, denn es äst im Getreidefeld oder zertrampelt die Tabakpflanzen. Der Junge wird vor eine unausweichliche Entscheidung gestellt: Jährling oder Familie. Unter großer seelischer Qual begreift Jody, daß der Jährling weg muß, wenn die Familie überleben will. So lernt er, daß man persönliches Vergnügen nicht vor die Notwendigkeiten des Lebens stellen kann. *The Yearling* (›Die Wildnis ruft‹) stellt diese Maxime auf rührende Weise heraus.

Mit seiner Darstellung als starker, aber verständnisvoller Mann landete Peck einen Volltreffer. Sie brachte ihm eine Oscar-Nominierung ein.

Wenn *Duel in the Sun* (›Duell in der Sonne‹, 1947) erwähnt wird, lächelt Peck verschmitzt. Dieses Lächeln deutet an, daß er bei der Produktion dieses Films mehr Spaß hatte, als er zugeben möchte. Es war kein sonderlich schwieriger Auftrag für ihn. Nur wurde für die Produktion mehr Zeit gebraucht als unbedingt nötig gewesen wäre. Selznick mischte sich immer wieder ein und machte dem Regisseur King Vidor und der Besetzung allerhand zu schaffen. Schließlich warf Vidor die Regie hin. Selznick übernahm nun selbst die weitere Regie für die wenigen restlichen Szenen.

Jeder, der mit diesem Film etwas zu tun hatte, begriff vollkommen, daß Selznick danach strebte, *Gone With the Wind* (›Vom Winde verweht‹) noch zu übertreffen. Außerdem war er von der grimmigen Entschlossenheit besessen, aus Jennifer Jones einen Superstar zu machen.

Der daraus resultierende Film, eigentlich eine zu einer Wagner-Oper aufgeputschte Operette, grenzte dann auch ans Lächerliche, aber einige unterhaltende Werte konnte man ihm nicht absprechen.

Die Kritiker verrissen den Film geradezu mit Entzücken. Bald gab man ihm einen zynischen Titel: *Lust in the Dust* (Lust im Staub); man bezog sich dabei auf die dick aufgetragene Erotik, großartig unterstützt von der symphonischsten aller Musiken, die Dimitri Tiomkin jemals geschrieben hat.

Trotzdem war es ein gutes Vehikel für Peck, weil es sein öffentliches Image verbesserte.

Peck selbst meint dazu: »Selznick gefiel die Idee, mich aus *The Keys of Kingdom* (›Schlüssel zum Himmelreich‹) zu übernehmen, wo ich einen frommen Priester gespielt hatte, um nun aus mir einen Vergewaltiger, Fälscher, Killer, Lügner und durch und durch verkommenen Taugenichts zu machen, der aber trotzdem noch liebenswert sein sollte. Es hat ihm wirklich großen Spaß gemacht, diesen Wechsel in meinem Charakter zu produzieren.«

›The Yearling‹ – ›Die Wildnis ruft‹ (1946); mit Claude Jarman, jr.

Selznick hatte das Drehbuch für *Duel in the Sun* (›Duell in der Sonne‹) selbst geschrieben. Er brachte die Darsteller tagtäglich fast zur Verzweiflung, weil er ständig die Dialoge abänderte. Er gab sechs Millionen Dollar für diesen Film aus, viel mehr, als im ursprünglichen Budget vorgesehen war. Für aufwendige Werbung opferte er noch einmal zwei Millionen Dollar. Dieses Geld war die beste Investition, denn wenn es nur nach dem Urteil der Kritiker gegangen wäre, hätte es den Tod für diesen Film bedeutet.

Der Film war tatsächlich Superkitsch, aber wenn man ihn in der richtigen Stimmung anschaut, hat er doch viel zu bieten. Dazu gehört die gute Darstellung der Schauspieler. Außerdem gibt es höchst bewegliche Action-Passagen und herrliche Bilder von Western-Landschaften.

Die beiden Hauptcharaktere sind Lewt McCanles (Peck) und Pearl Chavez (Jennifer Jones); er ist der schurkische, verwöhnte Sohn eines Rinderbarons und Senators (Lionel Barrymore) und sie ein unschuldiges Halbblut, das auf die Ranch der McCanles' kommt. Der ältere Sohn (Joseph Cotton) ist ein Gentleman, Lewt dagegen alles andere als das. Er verführt Pearl, kommt aber mit seinem Heiratsantrag nicht durch. Der freundliche Vormann (Charles Bickford) macht sein eigenes Angebot, aber Lewt provoziert ihn zu einem Revolverkampf und tötet ihn dabei. Anschließend flieht er in die Berge, aber Pearl spürt ihn auf. In einem dramatischen Finale schießen die beiden aufeinander und bringen sich gegenseitig tödliche Verletzungen bei. Aber dann werden beide noch einmal von ihrer glühenden Liebe füreinander überwältigt; sie sterben gemeinsam in leidenschaftlicher Umarmung. Zuvor vergießen sie allerdings noch viel Schweiß und Blut, indem sie über das felsige Terrain kriechen. Untermalt wird dies alles von der donnernden Musik Tiomkins.

Eine der denkwürdigsten Szenen dieses Films, *Duel in the Sun* (›Duell in der Sonne‹), besteht in der Schilderung, wie Lewt – offenbar nur so zum Spaß – einen ganzen Zug vernichtet.

Peck erinnert sich: »Ich war ein sehr schlechter Junge. Ich mußte den Zug in die Luft sprengen, alles aus einiger Entfernung beobachten und dann davonreiten, wobei ich laut zu singen hatte *I've Been Working on the Railroad*. Die Idee stammte von einem Vet-

›Duel in the Sun‹ – ›Duell in der Sonne‹ (1947); mit Lionel Barrymore.

ter, ein kleiner Schurke und das schwarze Schaf der Familie, aber alles in allem doch liebenswert. Er hieß Stretch. Er ist nicht mehr bei uns, aber ich glaube nicht, daß er etwas dagegen hätte, wenn ich das jetzt sage.«

Es fällt Peck schwer, ernsthaft auf *Duel in the Sun* (›Duell in der Sonne‹) zurückzuschauen: »Als Darsteller hatte ich nicht viel zu tun. Ich ritt auf Pferden, tändelte mit Jennifer herum und erschoß den armen, alten Charley Bickford.«

Peck war die ideale Besetzung für die Rolle des Jäger-Helden in *The Macomber Affair* (›Affäre Macomber‹, 1947), eine gut realisierte Verfilmung von Ernest Hemingways Story *The Short Happy Life of Francis Macomber*.

Peck kam hier wieder mit Casey Robinson zusammen, der am Script und auch an der Produktion beteiligt war. Der Film ist und bleibt eine der getreuesten Verfilmungen von Hemingway-Stoffen. Allerdings mußte der Schluß etwas entschärft werden, um den für Filme geltenden Moralbegriffen des Jahres 1947 gerecht zu werden. Die Produzenten ließen sich aber noch von einer anderen Überlegung leiten: Die Mehrzahl der Kinobesucher würde die Story von einem ehebrecherischen Weib, das seinen Mann eliminiert und damit durchkommt, kaum akzeptieren. Abgesehen von dieser beachtlichen Änderung, wies der Film eine trockene emotionale Qualität auf, die sich relativ eng an das Original hält. Vielleicht kann er als ›American Gothic‹ bezeichnet werden; ein Begriff, der sogar dazu benutzt wurde, Gregory Peck zu beschreiben.

Die Story spielt in Britisch-Ostafrika. Ein reiches amerikanisches Ehepaar, die Macombers (Robert Preston und Joan Bennett), treffen ein und wollen eine Safari in die Wildnis machen, um auf Großwildjagd zu gehen. Sie heuern den geachtetsten Jäger (Peck) an, der aber bald spürt, daß dieses Paar nur sehr schlecht zusammenpaßt. Der Ehemann scheint es für unbedingt notwendig zu halten, sich seiner Frau gegenüber als besonders mutig zu erweisen. Sie, schön und verwöhnt, beginnt den angeheuerten Jäger zu bewundern. Ihm fällt es schwer, darauf nicht freundlich zu reagieren. Es wird nichts gesagt oder getan, aber der Ehemann merkt doch etwas. Jetzt bemüht er sich noch verzweifelter, den Mutigen zu spielen. So entschließt er sich, einen Löwen anzugreifen, aber als das Tier seinerseits den Mann angreift, gerät dieser in Panik. Der Jäger rettet ihm das Leben. Eines Nachts wacht Macomber auf und

›Duel in the Sun‹ – ›Duell in der Sonne‹ (1947); mit Jennifer Jones.

›The Macomber Affair‹ – ›Affäre Macomber‹ (1947); mit Robert Preston.
Rechts: ›The Macomber Affair‹ – ›Affäre Macomber‹ (1947); mit Joan Bennett.

stellt fest, daß seine Frau nicht im Zelt ist. Er nimmt an, daß sie nur bei dem Jäger sein kann. Als die beiden Männer am nächsten Tag auf Büffeljagd gehen, bespricht Macomber die Situation und behauptet, volles Verständnis für diese Tändelei zu haben und sie sogar zu verzeihen. Als die Ehefrau sieht, wie ein Büffel ihren Mann angreift, glaubt sie sein Leben in Gefahr und feuert ihr Gewehr ab. Aber sie trifft und tötet Macomber. Als der Jäger die Sache den

Behörden meldet, stellt er den Tod des Ehemannes als Unfall hin. Das wird akzeptiert.

Dagegen gibt es im Hemingway-Original gar keinen Zweifel daran, daß die Ehefrau ihren Mann vorsätzlich und absichtlich tötet. Der Film läßt am Schluß Zweifel offen: Hat sie es getan oder nicht?

Einer der Aktivposten von *The Macomber Affair* (›Affäre Macomber‹) ist die düstere, subtile Musik von Miklos Rosza.

Rosza erinnert sich: »Während wir an *Macomber* arbeiteten, sagte Peck zu mir: ›Nun, Sie haben in *Spellbound* (›Ich kämpfe um

›Gentleman's Agreement‹ – ›Tabu der Gerechten‹ (1947); mit Anne Revere und John Garfield.

›Gentleman's Agreement‹ – ›Tabu der Gerechten‹ (1947); mit Dorothy McGuire.

dich‹) einen Schauspieler aus mir gemacht. Ich hoffe, daß Sie es auch diesmal fertigbringen werden.‹ Solche Bescheidenheit vernimmt man üblicherweise nicht von Filmschauspielern. Aber Peck ist bei weitem einer unserer zivilisiertesten Bürger.«

Darryl F. Zanuck hatte keine Mühe, Gregory Peck für die Rolle eines mitfühlenden Schriftstellers in *Gentleman's Agreement* (›Tabu der Gerechten‹, 1947) zu bekommen.

Wenn man sich diesen Film dreißig Jahre später anschaut, so

scheint er in seiner ernsthaften Kampagne für Rassentoleranz das Problem etwas zu stark zu vereinfachen. Aber 1947 war es für Hollywood die erste größere Attacke auf den Antisemitismus.

Peck war immer leicht dafür zu gewinnen, sich für humanitäre Anliegen zu engagieren und einzusetzen. So sagte er auch augenblicklich ja, als er von Zanuck gefragt wurde, ob er sich für die Filmversion von Laura Z. Hobsons Roman interessieren könnte.

Der Film war Teil einer Strömung im Nachkriegs-Hollywood. Viele Mitglieder der Filmindustrie waren der Ansicht, daß die Zeit gekommen war, einen reiferen Standpunkt bei Dingen einzunehmen, die mit rassischen und religiösen Vorurteilen zu tun hatten. *Gentleman's Agreement* (›Tabu der Gerechten‹) muß in diesem Licht gesehen werden.

Das Drehbuch von Moss Hart hält sich eng an den Geist des Romans, der von einem Autor handelt, der den Auftrag übernimmt, für ein prominentes Magazin eine Artikelserie über Antisemitismus zu schreiben. Er kommt auf die Idee, sich als Jude auszugeben, um auf diese Weise am besten seine Nachforschungen betreiben zu können. Damit setzt er sich Sentiments und Ressentiments aus, die noch viel gemeiner sind, als er es sich jemals vorgestellt hatte. Er erlebt die Demütigung, von bestimmten Etablissements ausgeschlossen zu werden und ständig Beleidigungen zu hören. Seine moralische Entrüstung und Empörung werden so groß, daß er Schwierigkeiten hat, seinen Auftrag durchzuführen. Jüdischen Freunden bleibt es vorbehalten, sein Herangehen an diese Aufgabe dämpfend und mäßigend zu regulieren. Ein enger Freund aus der Knabenzeit (John Garfield) klärte ihn darüber auf, wie die Juden es schafften, mit Diskriminierung zu leben. Der Autor erfährt zu seinem Unwillen, daß der Antisemitismus zum großen Teil passiv und unwissentlich praktiziert wird; das trifft zum Beispiel auf seine wohlerzogene und sozial durchaus korrekte Freundin (Dorothy McGuire) zu. Als sie ihre Einstellung begreift, schließt sie sich dem Autor bei dessen Bemühungen an. Die Story endet zwar nicht mit einem Triumph, aber mit dem gemeinsamen Beschluß der beiden, ihr Streben nach mehr Toleranz fortzusetzen.

Fox stattete *Gentleman's Agreement* (›Tabu der Gerechten‹) mit einem großzügigen Werbeetat aus und machte aufwendige Reklame. Peck wurde für seine Darstellung eines zivilisierten Mannes, der sich der dunkleren Aspekte menschlicher Konditionen bewußt wird, für einen Oscar nominiert.

Elia Kazan führte bei diesem Film so energisch Regie, wie es das Studio damals gerade noch erlaubte; heute betrachtet er alles noch als zu glatt und schillernd.

Peck meint, daß Kazan nicht so ganz der richtige Mann für diesen Job war. Zwar sind beide in enger Beziehung zueinander geblieben, aber sie haben nie wieder einen Film gemeinsam gemacht.

Peck sagt: »Ich glaube nicht, daß er mit mir sehr zufrieden war. Er zieht einen weltmännischeren Typ von Schauspieler vor, zum Beispiel Leute wie Marlon Brando oder James Dean, also Leute, die ihm ähnlicher sind. Ich konnte mit einigen Dingen, die er von mir verlangte, nicht einverstanden sein. Ich wollte und konnte manches einfach nicht tun, z. B. vor Frustration an die Wand hämmern.«

Am Anfang seiner Hollywood-Karriere ließ Peck keinen Zweifel daran, daß er die Absicht hatte, seine Bühnenlaufbahn fortzusetzen. So bestand er darauf, daß in seinen Verträgen Klauseln schriftlich fixiert wurden, die es ihm erlaubten, gelegentlich nach New York zurückzukehren.

Dazu kam es jedoch niemals, und zwar ganz einfach deswegen nicht, weil die Filmarbeit viel zuviel von Pecks Zeit beanspruchte.

Gentleman's Agreement (›Tabu der Gerechten‹) war sein achter Film in drei Jahren, und bei jedem Film hatte es sich stets um eine größere Produktion gehandelt, die monatelange Arbeit erfordert hatte.

Aber der Wunsch, wieder einmal auf der Bühne zu stehen, war immer noch sehr stark bei Peck, und wenn er schon keine Zeit in New York verbringen konnte, so überlegte er, daß er doch eine Theatergesellschaft in seiner Heimatstadt La Jolla gründen könnte. Der Ort war nur etwa hundert Meilen entfernt. Auf diese Weise konnte er nicht nur für sich, sondern auch für seine Freunde, die von der Arbeit vor der Kamera genauso frustriert waren wie er, ein Ventil schaffen.

Dorothy McGuire ließ durchblicken, daß sie sich an einer solchen Firma beteiligen würde. Auch Jennifer Jones (bis dahin schon Mrs. David O. Selznick), Mel Ferrer und Joseph Cotton bekundeten ihr Interesse und versprachen ihre Teilnahme.

So gründete man das La Jolla Playhouse und brachte solide Aufführungen berühmter Stücke auf die Bühne.

Dieses Unternehmen begann mit großer Begeisterung und Entschlossenheit, schlief aber nach etwa fünf Jahren wieder ein.

Die Resultate waren recht interessant, aber nicht sonderlich lukrativ. Die Tatsache, daß nur geringer oder gar kein Profit gemacht wurde, war allerdings nicht von ausschlaggebender Bedeutung. Der Grund bestand ganz einfach darin, daß die Starschauspieler – Peck eingeschlossen – von ihren Filmkarrieren zu stark in Anspruch genommen wurden.

Außerdem lag La Jolla doch ein wenig zu sehr abseits von den ausgetretenen Pfaden der Theaterwelt.

Pecks erfolgreichste Produktion in La Jolla war *Angel Street*, als Filmversion besser bekannt unter dem Titel *Gaslight*.

Peck spielte die Rolle des grausamen Ehemannes, der seine Frau zum Wahnsinn treibt, um ein Versteck von Juwelen ausfindig zu machen, die in ihrem Haus verborgen sind. Aber Peck gibt zu, daß er damals für diese Rolle nicht die ganz richtige Besetzung war. »Aber ich fühle mich immer veranlaßt, Herausforderungen zu akzeptieren. Wenn ich weiß, daß ich für etwas nicht geeignet bin, es aber trotzdem tue und mit der Herausforderung fertig werde, um so besser bin ich dann in der nächsten Rolle, die für mich genau richtig ist.«

Peck mochte damals gefühlt haben, der Rolle nicht ganz gerecht geworden zu sein, aber die Produktion erwies sich als profitabel. Er ging mit *Angel Street* auf eine kurze Tournee und spielte vierzehntausend Dollar für die Gesellschaft ein. Aber dieses Geld verlor man dann wieder bei der nächsten Playhouse-Präsentation: *Orpheus and Euridyce* von Jean Anouilh.

Niemand konnte Peck und seine Freunde beschuldigen, daß es ihnen bei ihren Theaterüberzeugungen an Mut gefehlt hätte.

Als *Gentleman's Agreement* (›Tabu der Gerechten‹) gedreht wurde, mußte Peck vor dem Un-American Activities Committee erscheinen, um zu erklären, warum er so viele Spenden für Anliegen gemacht hatte, die inzwischen unter Verdacht geraten waren. Er wurde nicht beschuldigt, mit den Kommunisten zu sympathisieren. Peck legte eine Liste aller wohltätigen Institutionen vor, die er finanziell unterstützt hatte. Er entschuldigte sich in keiner Weise dafür, sondern erklärte, stets in gutem Glauben gehandelt zu haben. Jede Organisation, für die er Geld gespendet oder der er erlaubt hatte, seinen Namen zu benutzen, war ihm stets als anständige, ehrenhafte Sache erschienen.

Danach gab es keine weiteren Fragen. Das Komitee sprach ihn von jedem Verdacht frei.

The Paradine Case (›Der Fall Paradine‹, 1948) war der Anfang von David O. Selznicks Niedergang. Es lag in seiner Natur, eine Idee niemals aufzugeben, wenn sie erst einmal in seinem Geist Wurzel gefaßt hatte.

Robert Hichens Roman hatte Selznicks Fantasie schon vor Jahren beflügelt, als er noch für MGM produziert hatte. Damals hatte er darin ein Vehikel für Greta Garbo gesehen.

Als er beschloß, diesen Film unter seinem eigenen Banner 1947 zu machen, versuchte er, die Garbo dafür zu interessieren, hatte aber damit keinen Erfolg.

›The Paradine Case‹ – ›Der Fall Paradine‹ (1948); mit Alida Valli.

›The Paradine Case‹ – ›Der Fall Paradine‹ (1948); mit Charles Coburn.

Selznick hatte einen Vertrag mit Hitchcock und brauchte dringend einen Auftrag für diesen berühmten Regisseur, um das viele Geld zu rechtfertigen, das er ihm zahlen mußte; außerdem wollte er ausnutzen, daß Hitchcock zu dieser Zeit gerade zu haben war.

Hitchcock gefiel die Idee gut genug, um mit seiner Frau Alma Reville und dem schottischen Schriftsteller James Bridie den Roman zu einem Drehbuch umzuschreiben.

Aber Selznick war mit diesen Bemühungen nicht zufrieden und übernahm selbst die Abfassung des Drehbuches. Das trug auch nicht gerade dazu bei, sein Verhältnis mit Hitchcock zu bessern, der sich nun absichtlich lange Zeit mit der Produktion dieses Filmes ließ.

Selznick entfremdete sich dem berühmten Regisseur noch mehr, weil er stur darauf bestand, daß Gregory Peck die männliche Hauptrolle übernahm.

Hitchcock hätte dafür lieber Laurence Olivier oder einen der britischen Schauspielerveteranen gehabt, die sich damals in Hollywood niedergelassen hatten. Sein besonderes Augenmerk war auf Ronald Colman gerichtet gewesen.

Selznick führte ins Treffen, daß er Peck unter Vertrag hatte. Außerdem wies er darauf hin, daß Peck ein Kassenmagnet war.

Unglücklicherweise aber war Peck nicht gut genug, um *The Paradine Case* (›Der Fall Paradine‹) zu retten. Die Produktionskosten beliefen sich am Ende auf über vier Millionen Dollar, und das meiste Geld war verloren.

Selznicks Memos während der Produktion enthüllen, daß er durchaus begriffen hatte, daß dieses Projekt nach einer Katastrophe roch, aber trotzdem verschwendete er immer noch mehr Geld.

Peck sah sich bei *The Paradine Case* (›Der Fall Paradine‹) großen Schwierigkeiten gegenüber; in der Hauptsache deshalb, weil er ganz entschieden amerikanische Präsenz ausstrahlt, wie elegant auch immer. Die Rolle verlangte aber von ihm, einen distinguierten englischen Anwalt zu spielen. Peck studierte sehr hart; er hörte sich sogar Tonbandaufzeichnungen von Sir Anthony Eden an, um die eigene Aussprache zu verbessern und anzupassen.

Aber Peck und alle anderen Darsteller sahen sich dem großen Handikap gegenüber, einen Film beginnen zu müssen, dessen Drehbuch noch nicht einmal fertiggestellt war. Selznick lieferte von Tag zu Tag nur Teile des Scripts ab.

Peck spielte Anthony Keane, einen glücklich verheirateten Anwalt, der sich in seine Klientin, Mrs. Paradine (Alida Valli), verliebt, die er gegen die Anklage verteidigt, ihren blinden Ehemann ermordet zu haben. Er ist so heillos in sie verliebt, daß er sie einfach nicht für schuldig halten kann. Deshalb versucht er, die Schuld auf den Diener des Toten (Louis Jourdan in seinem ersten amerikanischen Film) abzuwälzen. Er vermutet eine Affäre zwischen seiner Klientin und dem Diener; das aber macht ihn nur noch entschlossener, einen Freispruch für sie zu erwirken; aber diese Entschlossenheit führt zur Katastrophe.

The Paradine Case (›Der Fall Paradine‹) ist ein Qualitätsfilm,

›The Paradine Case‹ – ›Der Fall Paradine‹ (1948); mit Ann Todd.

was Produktionswerte und die Geschicklichkeit der Besetzung anbelangt, aber Peck hat durchaus recht, wenn er behauptet, daß es »ein ziemlich unbedeutender Film über eine Gerichtsverhandlung in Old Bailey« ist.

Der Film weist auch nur wenig auf, was auf Hitchcock als Regisseur schließen läßt; dieser Fehler kann ganz entschieden Selznick zugeschrieben werden.

Selznick bestand nämlich darauf, daß eine sündhaft teure, aber naturgetreue Nachahmung des Gerichtssaales von Old Bailey be-

nutzt wurde; so solide gebaut, daß kein Teil davon bewegt werden konnte. So wurde es für den Regisseur unmöglich, diese flüssigen Kamerabewegungen auszuführen, die seine Arbeit üblicherweise auszeichnen.

Außerdem zieht Hitchcock es vor, mit einem kompletten Drehbuch zu arbeiten, damit er alle Action-Szenen noch vor Beginn der Dreharbeiten herausarbeiten kann.

Aber was auch immer bei dieser Produktion geschah ... weder Hitchcock noch Peck sprechen schlecht von Selznick. Gewiß mag es schwierig gewesen sein, mit ihm zu arbeiten, aber ihrer Ansicht nach war er ein einmalig schöpferischer Produzent.

Peck erinnert sich, daß er niemals eins dieser zahlreichen Memos bekommen hatte; er wurde auch niemals von Selznick belästigt oder geplagt.

»Ich habe nur aus einem einzigen Grund keine Filme mehr mit ihm gemacht, und dieser Grund bestand darin, daß er als Produzent aufhörte. Es war schon herzzerreißend anzusehen, wie er versuchte, *Gone With the Wind* (›Vom Winde verweht‹) noch zu übertreffen und Filme zu machen wie *Since You Went Away* und *The Paradine Case* (›Der Fall Paradine‹), und zwar mit ungeheuren Besetzungen und TV-ähnlichen Stories, die aber unzulänglich waren und mitunter nichts taugten. David pflegte Regisseure zu entnerven, sogar so geschickte Leute wie Hitch, von Schauspielern ganz zu schweigen, indem er Dialoge in der Nacht vor den Dreharbeiten umschrieb und immer wieder änderte.«

Für Hitchcock hegt Peck genauso bedauernde wie respektvolle Empfindungen. »Ich wünschte, ich könnte jetzt mit ihm arbeiten. Als ich für ihn arbeitete, war ich ja noch unerfahren und zu wenig ausgebildet, um mein Bestes für ihn tun zu können. Aber ich habe viel von ihm gelernt. Von Hitchcock habe ich gelernt, mit Originalität zu arbeiten. Er erfand ständig etwas Neues, was man auf die Leinwand bringen konnte. Bei ihm besteht eine Liebesszene nicht nur darin, daß sich zwei Leute befummeln. Bei ihm zählte Symbolik.«

Was Hitchcocks berühmte Mißachtung für Schauspieler betrifft, die er als ›cattle‹ (Rindvieh) bezeichnet haben soll, so lächelt Peck nur dazu und meint: »Ich glaube, er hat ein gutes Gespür für Publicity und für alles, was gute Presseberichte bringen. Er ist ganz anders als seine Fassade. Mich hat er väterlich behandelt. Er behandelt alle Schauspieler mit Zuneigung und Zartgefühl. Ich habe niemals erlebt, daß er irgend jemanden bei Dreharbeiten beschimpft oder gedemütigt hätte. Aber er hat sehr viel von guter Vorbereitung gehalten, und er hatte jeden Fußbreit Film schon vor den Dreharbeiten im Kopf. Wenn ein Schauspieler – so wie ich – nach der Stanislavsky-Methode ausgebildet wurde, wo der externe Aspekt theoretisch in Ordnung ist, wenn inneres Gefühl und Denken aufrichtig und ehrlich sind, dann ergeben sich Gesichtsausdruck und Körperbewegung ganz von selbst, weil sie ja der Wahrheit entspringen. Aber Hitchcock weiß, welchen Gesichtsausdruck und welche Körperhaltung er sich wünscht, und so kann man leicht mit ihm aneinandergeraten, weil er es gar nicht gern hat, seine eigenen Vorstellungen zu korrigieren und neu anzupassen. Aber man denkt an seine vielen Erfolge, und da streitet man sich eben nicht mit ihm. Man macht alles so, wie er es getan haben will. Ich habe damals nicht mein Bestes für ihn tun können, weil ich nicht flexibel genug war. Außerdem war ich noch nicht genügend Profi, um alles zu tun, was er von mir verlangte, und doch gleichzeitig meine eigene innere Wahrheit zum Ausdruck zu bringen.«

So trennten sich mit *The Paradine Case* (›Der Fall Paradine‹) die Wege für Peck und Selznick.

Für Peck stellte es gleichzeitig das Ende seiner ersten Periode als Hollywood-Berühmtheit dar.

Es waren schon erstaunliche vier Jahre gewesen. Man hatte ihn mit Ehrfurcht behandelt und ihm eine üppige Anzahl von Projekten angeboten, aus denen er hatte auswählen dürfen und können.

Von nun an würde es auch für ihn, wie für alle Filmstars, wesentlich rauher zugehen, aber dafür würden dann auch die Resultate abwechslungsreicher, vielfältiger und zufriedenstellender sein.

Superhelden

Selznick brauchte Gregory Pecks Dienste nicht mehr. Der Schauspieler hatte nur noch eine Verpflichtung bei MGM. So beschränkte sich seine Tätigkeit jetzt überwiegend auf Twentieth Century-Fox. Es war eine größtenteils befriedigende Verpflichtung, die in einigen guten Filmen resultierte. Dem Schauspieler blieb aber noch genügend Freiheit, um auch unter anderen Bannern aufzutreten. Die Arbeit für Twentieth Century-Fox garantierte ihm aber zumindest Sicherheit und ein hohes Einkommen während der 50er Jahre, also zu einer Zeit, als viele berühmte Hollywood-Stars keins von beiden mit Sicherheit von sich behaupten konnten.

Yellow Sky (›Nevada‹, ›Herrin der toten Stadt‹, 1948) war ein Versuch des Schriftstellers/Produzenten Lamar Trotti, einen Qualitätswestern zu machen; er wollte den Realismus seines *The Ox-Bow Incident* (›Ritt zum Ox-Bow‹, 1943) mit etwas Kommerziellerem kombinieren. Für diesen Zweck engagierte er denselben Regisseur: William Wellman. Zwar reichte das Ergebnis nicht ganz an *Incident* heran, aber es wurde doch einer der besseren Filme in diesem Genre.

Gregory Peck bekam Gelegenheit, einen Banditen zu spielen, aber mit nicht mehr als einem Touch von Lewt McCanles.

Die Geschichte spielt nach dem Bürgerkrieg und handelt von einer Gruppe ehemaliger Unionssoldaten, die nach Westen zieht. Die Männer rauben eine Bank aus und flüchten in die Salzwüste, die sich als glühender erweist, als sie erwartet haben. Völlig erschöpft und halb verdurstet erreichen sie eine Geisterstadt. Die einzigen Bewohner sind ein ergrauter alter Goldsucher (James Barton) und seine hübsche junge Tochter (Anne Baxter). Die beiden helfen den Männern, verbergen aber die Tatsache, im Besitz von Gold zu sein. Die Gesetzlosen finden es trotzdem heraus. Beim Versuch, seine Besitzrechte zu schützen, wird der alte Mann verwundet. Beide Seiten einigen sich schließlich darauf, das Gold zu teilen. Aber das gemeinste Mitglied der Bande (Richard Widmark) hetzt die anderen auf. Man überlegt sich die Sache anders und will das ganze Gold für sich haben. Der nominelle Anführer (Gregory

›Yellow Sky‹ – ›Nevada‹, ›Herrin der toten Stadt‹ (1948); mit Robert Arthur.

Links: ›Yellow Sky‹ – ›Nevada‹, ›Herrin der toten Stadt‹ (1948); als Stretch.

Peck) aber ist dagegen; er hat sich in das Mädchen verliebt. Er eliminiert die üblen Elemente der Bande und entschließt sich für ein neues Leben.

Yellow Sky (›Nevada‹, ›Herrin der toten Stadt‹) war recht gut gemacht, aber die Charakterzeichnung wurde doch etwas zu stark vereinfacht. Anne Baxter ist besonders gut; sie spielt das Mädchen, das in ein Dilemma durch die Liebe zum Anführer der Schurken gerät. In der komplexeren Rolle eines Mannes, der sich seiner eigenen Werte nicht ganz sicher ist, liefert Gregory Peck eine interessantere Darstellung als in seinen früheren Filmen Er selbst hält diese Rolle für eine seiner besten.

Im nächsten Film mußte Peck wiederum einen Mann von zweifelhaftem, fragwürdigem Charakter spielen, der einige menschliche Schwächen hat, nämlich einen russischen Romanschreiber, der vom Spielteufel besessen ist. Es handelt sich um MGMs elegante, aber schwer verdauliche Verfilmung von Dostojewskis Roman *Der Spieler*. Man gab dem Film den lächerlich anmutenden Titel *The Great Sinner* (›Der Spieler‹, 1949). Der Autor hätte erfreut sein können oder auch nicht, weil sein Name nicht im Vorspann des Films erwähnt wurde.

Der Film profitiert jedoch von der straffen Regie durch Robert Siodmak und von den Bemühungen einer guten Besetzung. Der Film spielt im berühmten Wiesbadener Kasino in den 1880er Jahren und stellt eine Charakterstudie dar. Gregory Peck spielt einen Romanschriftsteller, der sich zu einem schönen Mädchen (Ava Gardner) hingezogen fühlt und sich mit ihr und ihrem Vater (Walter Huston), einem leidenschaftlichen Spieler, in Wiesbaden aufhält. Peck findet heraus, daß die beiden bei dem Kasinobesitzer (Melvyn Douglas) sehr hoch verschuldet sind. Um ihnen zu helfen, beginnt auch Peck zu spielen. Anfangs hat er Glück, aber als ihn das Spielfieber packt, beginnt er zu verlieren. Er schiebt alle anderen Interessen beiseite. Das Spielen untergräbt sein Leben. Er gleitet in materiellen und geistigen Niedergang, wird aber schließlich gerettet, als er begreift, daß ihn das Mädchen wirklich liebt. Er kann von seinem bitteren Erlebnis profitieren, indem er darüber schreibt.

Das Drehbuch von *The Great Sinner* (›Der Spieler‹) ist sehr blumig und überladen. Die Rolle des Spielers wirkt nicht allzu glaubwürdig. Peck mußte versuchen, ein sympathisches Porträt eines törichten Mannes zu zeichnen; er hat nicht das Gefühl, es allzu gut getan zu haben.

Aber die Arbeit an diesem Film war für ihn recht erfreulich, und zwar dank der Kameradschaft der Besetzung; er hatte viel Zeit, die er in Gesellschaft von Walter Huston und Ethel Barrymore verbringen konnte.

Peck bat Huston einmal um dessen Meinung über die Eigenschaften, die einen großartigen Schauspieler machen. Huston riet, stets 1. Klasse zu reisen und den Kunden stets eine gute Show zu bieten.

Peck erinnert sich, daß es recht schwierig war, Ethel Barrymore einmal dazu zu bringen, über die Schauspielerei zu reden; dagegen

›The Great Sinner‹ – ›Der Spieler‹ (1949); mit Ava Gardner.

konnte man sie leicht in eine Unterhaltung über Sport verwickeln. Sie liebte Baseball und Boxen.

Peck machte sich Sorgen wegen seiner letzten drei Filme; keiner von ihnen hatte günstige Reaktionen bei Kritikern oder Publikum geweckt.

Aber er war bereits auf dem besten Weg, mit zwei Filmen großes Glück zu haben; sie würden ihm dauerhafte Wertschätzung einbringen.

Hätte Peck keine anderen Filme außer *Twelve O'Clock High* (›Der Kommandeur‹) und *The Gunfighter* (›Der Scharfschütze‹; ›Scharfschütze Jimmy Ringo‹) gemacht, so könnte er immer noch einen gewissen Platz in Hollywood beanspruchen.

Beide Filme wurden hintereinander für Fox gemacht, und bei beiden führte der Veteran Henry King Regie. Zwischen ihm und Peck kam es dann zu größter Übereinstimmung.

Twelve O'Clock High (›Der Kommandeur‹) beschäftigt sich mit Bombenangriffen des 2. Weltkriegs; so war es für Ende 1949 nicht gerade ein ›sicherer‹ Film. Die Kritiker konnten jedoch dem Publikum sehr bald versichern, daß es sich nicht nur um ein weiteres Kriegsabenteuer handelte. Der Film glorifizierte keineswegs die amerikanischen Luftangriffe auf Deutschland.

Der Film war (und ist es immer noch, weil nichts veraltet wirkt) eine verständnisvolle und mitfühlende Schilderung der Männer, deren Aufgabe das geisttötende Geschäft des Bombenabwurfs war, oder denen die Last der Befehlsgewalt aufgebürdet wurde. Die Zentralfigur – Brigadier General Frank Savage – hatte ihr Vorbild in Major General Frank A. Armstrong, der den ersten amerikanischen Tagesangriff auf deutsche Ziele führte.

Die Story wird in Form von Rückblenden erzählt; des Generals Exadjutant (Dean Jagger) besucht England und den Flugplatz, wo damals die 918th Bomb Groupe stationiert war. Während er sich auf dem verwahrlosten Gelände umsieht, fühlt er sich in jene Zeit zurückversetzt, als ein junger General (Gregory Peck) eintraf, um den dienstmüden Colonel Davenport (Gary Merrill) abzulösen. Der General macht sich wegen seiner Befehlsstrenge sehr bald un-

›Twelve O'Clock High‹ – ›Der Kommandeur‹ (1949); als General Savage.

beliebt; seine Leute fangen an, um ihre Versetzung zu bitten. Aber sie ändern schließlich ihre Meinung, als sie nach und nach dazu kommen, die Tüchtigkeit des Generals zu respektieren, der sich echte Sorgen um ihre Sicherheit macht. Mit der Zeit ergeht es dem General genauso wie seinen Vorgängern; er identifiziert sich mit seinen Piloten und will sie immer stärker schützen. Beinahe gewaltsam muß er davon abgehalten werden, mit ihnen zu fliegen. So treibt er sich selbst unausweichlich einem Nervenzusammenbruch entgegen und muß schließlich von seinem Posten abgelöst werden.

Peck ist verständlicherweise stolz auf *Twelve O'Clock High* (›Der Kommandeur‹); er freute sich, daß ihm dieser Film solche Wertschätzung einbrachte.

Der Film wurde mehr oder weniger von der Air Force benutzt, um Piloten während der Ausbildung eine dramatische Vorlesung zu halten.

Außerdem resultierte der Film in einer dauerhaften Freundschaft zwischen dem Schauspieler und General Armstrong.

The Gunfighter (›Der Scharfschütze‹; ›Scharfschütze Jimmy Ringo‹) wirkt heutzutage weniger beeindruckend als 1950, weil der Protagonist – der müde Revolverkämpfer, der seinem Ruf entrinnen und sich zur Ruhe setzen möchte – schon in vielen ähnlichen Filmen seitdem zu bekannt geworden ist.

Aber der Film bleibt eine erstklassige Eintragung im Peck-Katalog, und zwar wegen der sublimen und rührenden Verkörperung dieser Rolle durch den Schauspieler.

Wie der General in *Twelve O'Clock High* (›Der Kommandeur‹), bekommt auch Jimmy Ringo das Unbehagen eines Mannes zu spüren, dem vom Schicksal unerwünschte Situationen aufgezwungen werden.

Der Hauptfehler von *The Gunfighter* (›Der Scharfschütze‹; ›Scharfschütze Jimmy Ringo‹) besteht darin, daß vom Zuschauer verlangt wird, mit einem Mann zu sympathisieren, dessen Vergangenheit alles andere als bewundernswert ist. Aber dies gelingt doch, vor allem wohl wegen Pecks Darstellung, die sehr zurückhaltend und recht melancholisch ist.

Der Film ist außerdem hervorragend gemacht. Henry King

›Twelve O'Clock High‹ – ›Der Kommandeur‹ (1949); mit Millard Mitchell.

führte straff und unsentimental Regie. Dazu kommt die stimmungsträchtige Schwarzweiß-Fotografie von Arthur Miller. Die Ouvertüre von Alfred Newman läßt das nahezu klassische Drama erkennen, das sich auf der Leinwand abspielen wird.

Jimmy Ringo war im Wilden Westen als der schnellste Revolverschwinger bekannt und berüchtigt. Als er bereits in mittlerem Alter ist, wird er immer wieder von jungen Revolverschwingern herausgefordert. Das wird für Jimmy Ringo zu einer lästigen Plage. Am Anfang des Films wird er wieder einmal dazu gezwungen, einen solchen Dummkopf zu töten. Danach verfolgen ihn die drei Brüder des Mannes. Er kann ihnen in der Wüste auflauern und ihnen die Pferde abnehmen. Danach will er in die Stadt Cayenne, um seine Frau, von der er seit längerer Zeit getrennt lebt, und deren jungen Sohn zu besuchen.

Ringo lebt in einer Zeit, die sich rapiden Veränderungen unterworfen sieht; er wird zu einem alternden Westmann. Cayenne ist – wie er feststellen muß – eine friedliche Stadt. Der hiesige Marshal (Millard Mitchell) war früher ebenfalls Gesetzloser, steht aber jetzt fest und entschieden auf der Seite des Gesetzes und ist nicht bereit, Ringo mehr als ein paar Stunden in der Stadt verweilen zu lassen. Ringo ist einverstanden, falls die ihm eingeräumte Zeit dazu ausreicht, seine Familie zu besuchen. Die meiste Zeit verbringt er wartend im Saloon, denn er begreift, daß ein Herumschlendern in der Stadt die Bevölkerung nur in Aufregung versetzen würde; die Leute sind durch seine Anwesenheit ohnehin schon erregt genug. Ringo hat nur noch die eine Hoffnung und Sehnsucht: Er möchte wieder mit seiner Familie vereint sein und sich irgendwo friedlich niederlassen. Diese Erwartung wird jedoch zunichte gemacht, weil seine Frau nur wenig Interesse verrät. Sie weiß – und die Tatsachen werden ihr bald recht geben –, daß Ringo seiner Vergangenheit nicht entrinnen kann.

Als die drei rachsüchtigen Brüder in der Stadt eintreffen, kann Ringo sich die Kerle mit Erfolg vom Leib halten. Doch dann wird Ringo, wie kaum anders zu erwarten, doch noch von einem jungen Burschen herausgefordert, der den Ruf gewinnen möchte, noch besser zu sein. Ringo will die Herausforderung nicht annehmen,

›The Gunfighter‹ – ›Der Scharfschütze‹, ›Scharfschütze Jimmy Ringo‹ (1950); mit Jean Parker und Millard Mitchell.

›The Gunfighter‹ – ›Der Scharfschütze‹, ›Scharfschütze Jimmy Ringo‹ (1950); als Jimmy Ringo.

aber der Jugendliche schießt ihn trotzdem nieder. Es ist charakteristisch für den sterbenden, fatalistischen Ringo, daß er den Marshal bittet, den jungen Burschen nicht zu töten. Irgendwann wird sich der eben stattgefundene Zwischenfall wiederholen, und Ringo ist der Meinung, daß allein diese Wahrscheinlichkeit schon Strafe genug für den jungen, unbesonnenen Schießer ist.

Pecks mit viel Beifall bedachte Darstellung in *The Gunfighter* (›Der Scharfschütze‹; ›Scharfschütze Jimmy Ringo‹) brachte ihm Angebote für weitere größere und reifere Western-Produktionen ein, aber er lehnte sie ab, weil er sich nicht auf einen bestimmten Typ festlegen lassen wollte.

Einer dieser Filme war *High Noon* (›Zwölf Uhr mittags‹). Daß Gary Cooper in der Hauptrolle für diesen Film einen Oscar bekam, löste bei Peck später doch leichtes Bedauern über seiner damaligen Entschluß aus.

»Ich glaube zwar nicht, daß ich so gut wie Cooper gewesen wäre, aber ich denke doch, daß es auch mit mir ein guter Film geworden wäre.«

Das Peck-Image paßte gut zu dem populären Image des Seehelden Horatio Hornblower aus den Romanen von C. S. Forester. Captain Hornblower wird als großer, stattlicher, würdevoller, strenger und resoluter Schiffskommandant geschildert.

Ursprünglich hatte sich Warners die Filmrechte von Forester für ein Vehikel mit Errol Flynn in der Hauptrolle gesichert. Aber das ausschweifende Leben dieses Schauspielers ruinierte seine Gesundheit; er hatte schlampige Arbeitsgewohnheiten und hegte dem Studio gegenüber große Abneigung. Also wurde ein Ersatz für ihn unvermeidlich.

Diese Rolle war nicht ganz leicht zu besetzen. Es gab nur wenige Schauspieler, die imstande gewesen wären, den Byronschen Heroismus überzeugend auf die Leinwand zu bannen. Aber Peck war für diese Rolle geradezu ideal. Sein amerikanischer Akzent war kein Hindernis, weil Hornblower – wie so viele legendäre britische Seeleute – ein Mann aus dem englischen Südwesten war, wo man langsamer und mit dunklerem Timbre sprach.

Diese Produktion übertrug man dem Mann, der zweifellos auch den Film mit Errol Flynn gemacht haben würde: Raoul Walsh. Er und Peck wurden nach England geschickt. So konnte Warners zwei Fliegen mit einer Klappe schlagen; einmal konnte man die in diesem Land eingefrorenen Vermögenswerte ausnutzen, zum anderen hatte man den Vorteil, eine britische Story auch mit britischen Schauspielern zu besetzen.

In einem Londoner Studio wurde eine naturgetreue Nachbildung von Hornblowers Schiff *Lydia* gebaut. Man engagierte die vierzig Mitglieder des Jock Easton Stunt-Teams, die sich dort tummeln sollten.

Forester selbst erarbeitete den grundlegenden Stoff aus seinen drei Romanen *Beat to Quarters, Ship of the Line* und *Flying Colors*. Drei Drehbuchautoren peitschten das Script zusammen. Die Abenteuer finden zwischen 1808 und 1810 statt, als Hornblower noch ein junger, wagemutiger Captain der Royal Navy war.

Der Film beginnt mit Hornblowers Waffenlieferung an einen mittelamerikanischen Diktator; es handelt sich hierbei um einen Teil der gegenseitigen Kampagne gegen die Spanier. Aber als sich die Briten mit den Spaniern verbünden, wird der Diktator plötzlich zum Feind. Hornblower erkämpft sich seinen Weg aus der Karibik und kehrt nach England zurück. Unterwegs verliebt er sich in die schöne Lady Barbara (mit Virginia Mayo nicht sehr gut besetzt), die als Frau für einen Admiral bestimmt ist. In England erhält er Befehl, gegen die Franzosen vorzugehen. Das tut er auch. Er überfällt den Hafen La Teste und versenkt mehrere Kriegsschiffe. Schließlich bringt er sein eigenes verhängnisvoll beschädigtes Schiff in den Hafen, um so wenigstens noch dazu beizutragen, den Zugang zu sperren. Er und seine Mannschaft werden gefangengenommen, aber sie können entkommen und kehren nach England zurück. Hier wird Hornblower befördert und kann außerdem zu seiner großen Freude feststellen, daß Lady Barbara jetzt frei ist und ihn lieben kann.

Captain Horatio Hornblower (›Des Königs Admiral‹, 1951) ist ein exzellenter Abenteuerfilm, was er zum Teil der zwingenden Regie von Raoul Walsh verdankt, der viel Erfahrung mit der spannenden Gestaltung handlungsgeladener Filme hatte. Daß die Produktion so glänzend ausfiel, war der Besetzung durch britische Charakterdarsteller zuzuschreiben, die gar nicht besser hätte sein können.

›Captain Horatio Hornblower‹ – ›Des Königs Admiral‹ (1951); in der Titelrolle.

›Captain Horatio Hornblower‹ – ›Des Königs Admiral‹ (1951); Hornblower an den Kanonen.

Pecks permanent steifer Rücken schränkte seine physische Beweglichkeit ein, so daß er sich nicht mit dieser anmutigen Leichtigkeit bewegen konnte, die einem Errol Flynn zu eigen war. Aber dafür besitzt Peck die Fähigkeit, Heroismus durch Verhalten auszudrücken. Pecks Hornblower ist eine höchst glaubwürdige Figur; er wirkt auf einem Schiffsdeck keineswegs fehl am Platze, und seine mit ruhiger, aber fester Stimme gegebenen Befehle werden widerspruchslos von Männern ausgeführt, die ansonsten nicht so leicht Befehle entgegennehmen.

Pecks zweiter Film für Warners wurde aus billigerem Stoff zugeschnitten, und es war für alle Beteiligten eigentlich nur ein Routineauftrag.

Only the Valiant (›Bis zum letzten Atemzug‹, 1951) ist das alte Spiel ›Kavallerie gegen Indianer‹; es unterscheidet sich von seinen Vorgängern lediglich durch höchst unerfreulichen Tonfall. In gewissem Sinn ist dieser Film ein Vorläufer von *The Dirty Dozen* (›Das dreckige Dutzend‹). Es geht um einen Offizier (Peck), der sich die übelsten Elemente aus seiner Kompanie heraussucht, um eine Abteilung zusammenzustellen, die einen gefangenen Apachenhäuptling von einem Fort ins andere bringen soll. Bei diesem

›Only the Valiant‹ – ›Bis zum letzten Atemzug‹ (1951).

Ritt durch die Wüste gibt es nicht nur Schwierigkeiten durch feindselige Indianer, sondern vor allem durch persönliche Konflikte. Der Offizier wird von seinen Männern gehaßt, weil sie glauben, daß er einen jüngeren Offizier in den Tod geschickt hat, um ihn als Rivalen um die Hand seiner Verlobten (Barbara Payton) aus dem Weg zu räumen. Einige der Männer unternehmen sogar Anschläge auf das Leben des Offiziers. Aber alle, die diesen mörderischen Ritt überleben und den gefährlichen Auftrag ausführen, lernen den Offizier schließlich doch besser kennen und respektieren ihn wegen seines Mutes und seiner Intelligenz. Es kommt auch ans Tageslicht, daß er nicht für den fatalen Auftrag des jüngeren Offiziers verantwortlich gewesen war.

Zu den weniger ansprechenden Szenen dieses Opus gehört auch folgende: Zwei Kavalleristen, die sich nicht leiden können, kämpfen sich vor einer Gruppe amüsierter Indianer zu Tode; die Rothäute hielten es für einen größeren Spaß, bei diesem tödlichen Kampf zuzusehen, als die beiden Männer zu töten.

Only the Valiant (›Bis zum letzten Atemzug‹) ist auch noch dadurch bemerkenswert, daß es eins dieser Vehikel ist, in denen Barbara Payton eine Hauptrolle spielte; sie starb 1967 im Elend.

Gregory Peck hält diesen Film für Kitsch. Seiner Ansicht nach lohnt es sich nicht, darüber zu diskutieren.

David and Bathsheba (›David und Batseba‹, 1951) ist ein sehr teures und mühsam produziertes biblisches Epos. Es kam bei den Kritikern weit besser an, als es die Produzenten erwartet hatten.

Hollywood-Versionen der Bibel waren fast so etwas wie die Privatdomäne von Cecil B. DeMille. Im allgemeinen waren es Kassenschlager, aber sie wurden nur selten von den Kritikern mit Lob bedacht.

David and Bathsheba (›David und Batseba‹) hatte aber einen entscheidenden Vorteil, nämlich das gelehrte und geschmackvolle Drehbuch von Philip Dunne. Die Produktion wurde durch massive Fox-Zuschüsse unterstützt. Dazu kam die ausgezeichnete Regie von Henry King, der keinerlei Mätzchen duldete. Schließlich trug auch noch die wahrhaft erhebende Musik von Alfred Newman zum Erfolg bei.

Es gab Leute, die bezeichneten Pecks König David eher als Lincoln von Juda, denn als Löwen von Juda. Aber es ist tatsächlich eine sehr solide Darstellung... und das Rückgrat des ganzen Films.

›David and Bathsheba‹ – ›David und Batseba‹ (1951); mit Susan Hayward.

Dunne hat in seinem Drehbuch Episoden aus dem 11. Kapitel im 2. Buch Samuel verarbeitet und sich auf die Affäre zwischen den Titelfiguren konzentriert. Getreu dem Produktionskodex sowohl der Bibel als auch des Hay Office von 1951 mußten die Verliebten für ihre Vergehen bezahlen.

König David war einer der mächtigsten Männer der Geschichte; ein mutiges Kind, ein bekannter Krieger, ein Poet, ein Diener Gottes, ein machtvoller Herrscher . . . und ein Sünder. Kein Film kann eine solche Spannweite vollkommen erfassen, aber *David and Bathsheba* (›David und Batseba‹) ist ein Versuch, der Respekt verdient.

›David and Bathsheba‹ – ›David und Batseba‹ (1951); mit Raymond Massey und James Robertson Justice.

Der Film zeigt David in seiner Zuneigung für Bathsheba (Susan Hayward), der Ehefrau eines seiner Offiziere. Es wird aufgezeigt, wie sich die Affäre zu Liebe entwickelt und immer mehr heranreift. Davids Bemühungen, den Offizier loszuwerden, indem er ihn in den Kampf schickt, sind nicht gerade empfehlenswert, aber zumindest verständlich; sie liefern eine Untersuchung darüber, warum sogar der edelste und verantwortungsbewußteste Mann sich selbst kompromittieren kann, wenn er sich verliebt. Als David schon drauf und dran ist, sein Königreich zu opfern, fällt Gottes Wille schwer auf das Land. Das bringt den König zur Besinnung und Buße.

Die Schlußszenen des Films sind höchst eindrucksvoll: David betet vor der Bundeslade um Vergebung; das veranlaßt ihn, an seine Knabenzeit zurückzudenken, als er vom Propheten Samuel dazu ausersehen wurde, der zukünftige König von Israel zu werden. Er denkt dabei auch an seinen Triumph über den Riesen Goliath. Diese Szenen sind ausgezeichnet konstruiert und werden hervorragend präsentiert. Peck wirkt besonders eindrucksvoll während der Erniedrigung des Königs und dessen anschließender Buße.

Außer seinem Vertrag mit Fox stand es Peck jetzt frei, Filme für jede von ihm gewünschte Gesellschaft zu machen. Da er während der letzten paar Jahre überwiegend ernsthafte Filme gemacht hatte, beschloß er nun, es einmal mit etwas Leichterem zu versuchen. Dafür wählte er sich *The World in His Arms* (›Sturmfahrt nach Alaska‹, 1952) aus.

›The World in his Arms‹ – ›Sturmfahrt nach Alaska‹ (1952); mit Anthony Quinn und John McIntyre.

Für diesen ungestümen, lärmenden Abenteuerfilm schrieb Borden Chase das Drehbuch, das auf dem Roman von Rex Beach basiert.

Bei der Wahl des Regisseurs konnte es wohl nur eine offensichtliche Entscheidung geben: Raoul Walsh, Spezialist für Abenteuerfilme. Mit ihm hatte Peck ja schon bei *Captain Horatio Hornblower* (›Des Königs Admiral‹) gut zusammengearbeitet.

Das Ergebnis war zwar recht amüsant, ist und bleibt aber doch einer der weniger denkwürdigen Filme dieses Schauspielers.

Universal präsentierte ihn als Attraktion zum 40jährigen Jubiläum (1912–1952) und konnte damit auch einen beachtlichen Profit einheimsen.

In *The World in His Arms* (›Sturmfahrt nach Alaska‹) tritt Peck als Bramarbas an der Barbary Coast Mitte des 19. Jahrhunderts auf, also eines Seemannes, der wegen seiner Erfolge beim Wildern von Robben auf den Inseln der Beringsee berühmt war; direkt unter der Nase der Russen, die geschworen hatten, ihn sofort zu hängen, wenn man ihn erwischte. Nach einer besonders erfolgreichen Reise taucht er mit einem Vermögen an Pelzen in San Francisco auf und beschließt, den Russen Alaska abzukaufen. Er gibt eine üppige Party, um seine Absichten zu verkünden. Dabei lernt er eine reizende russische Gräfin kennen (Ann Blyth). Die beiden verlieben sich ineinander, aber sie verschweigt ihm, daß der Zar sie eigenmächtig mit einem Prinzen verlobt hat, den sie nicht einmal leiden kann. Der Prinz (Carl Esmond) erfährt von ihren Gefühlen für den Amerikaner und bringt sie sofort nach Sitka. Peck nimmt an, daß sie das Interesse an ihm verloren hat. Er nimmt seine prahlerische Karriere wieder auf und fordert einen rivalisierenden Kapitän (Anthony Quinn) zu einer Wettfahrt nach den Pribilof-Inseln heraus, wo sie noch mehr Robbenfelle einsammeln wollen. Beide Besatzungen werden von den Russen gefangengenommen und nach Sitka gebracht, wo sie aufgeknüpft werden sollen. Die Gräfin ist damit einverstanden, den Prinzen zu heiraten, wenn er die Amerikaner freiläßt.

Das tut er auch, aber als der fesche Abenteurer erfährt, was die Gräfin getan hat, entführt er sie bei der Hochzeit und bringt sie nach San Francisco zurück.

Unter Walshs Regie läuft das alles sehr rasch ab. Peck ist charmant und sehr männlich; wieder einmal in einer Rolle, die für Flynn in seinen besten Tagen ideal gewesen wäre.

›The Snows of Kilimanjaro‹ – ›Schnee am Kilimandscharo‹ (1952); mit Ava Gardner.

The Snows of Kilimanjaro (›Schnee am Kilimandscharo‹, 1952) ist der Höhepunkt von Pecks Karriere. Dieser große, bedeutende Film von Darryl F. Zanuck kombiniert die Bemühungen vieler talentierter Männer: Regie von Henry King; ein literarisches Script von Casey Robinson (nach einer Story von Hemingway); Musik von Bernard Herrmann; Farbfotografie von Leon Shamroy.

Für Peck war es die Rückkehr zur Darstellung eines soliden amerikanischen Charakters; hier – so meinen die Kritiker – liegt die eigentliche Stärke des Schauspielers.

Sein Harry ist ein Mann des 20. Jahrhunderts; durch und durch ehrenhaft und mutig, aber auch etwas konfus und verbittert. Der Film zeichnet in epischer Breite die Beteiligung dieses Mannes am spanischen Bürgerkrieg, an einer Großwildjagd in Afrika sowie die etwas frivole Tendenz der internationalen High Society für ›Spaß und Spiele‹.

Der Film beginnt auf den Hängen des Kilimandscharo, des höchsten Berges Afrikas. Dieser alles überragende Ausblick gilt als eine Art Hemingway-Symbol für die Herausforderung, die das Leben Männern der Wirklichkeit bietet. Ein solcher Mann ist Harry (Peck), den wir zunächst in seinem Zelt in der Nähe des Berges liegen sehen; er hat Angst, an einer infizierten Beinwunde sterben zu müssen. Er wird von seiner Ehefrau (Susan Hayward) gepflegt, die ihn liebt, obwohl sie weiß, daß seine zärtlichsten Gedanken immer noch seiner ersten großen Liebe (Ava Gardner) gelten. Harry ist Schriftsteller und berichtet von seinen Abenteuern. Seine Gedanken wandern in seine Jugendzeit zurück, als er einem Leben in Sicherheit den Rücken kehrte und statt dessen versuchte, sich mit dem Leben in großem Maßstab anzulegen. Er denkt an seine Bemühungen in Spanien zurück; wie er dort seine erste Liebe umworben hat, die dann im Krieg den Tod fand. Er durchlebt noch einmal seine Erfahrungen als erfolgreicher Romanschriftsteller und erinnert sich an seine Flirts in Paris und an der Riviera. Er ruft sich ins Gedächtnis zurück, wie es ihn gedrängt hatte, in Afrika auf Großwildjagd zu gehen.

Harrys Abenteuer sind durchweg von verzehrendem Drang nach Erfolg motiviert; er möchte die Antworten auf die Geheimnisse des Lebens finden. Dieser Drang führt ihn schließlich nach Afrika zurück; er ist entschlossen, die verbotenen Höhen des Kilimandscharo zu erforschen.

Die Erzählung endet mit einer hoffnungsvollen Note; seine Frau hat ihn gesund gepflegt. Da begreift Harry seine Liebe zu ihr und beschließt, seine arg vernachlässigte Karriere als Schriftsteller wiederaufzunehmen.

›The Snows of Kilimanjaro‹ – ›Schnee am Kilimandscharo‹ (1952); mit Susan Hayward.

The Snows of Kilimanjaro (›Schnee am Kilimandscharo‹) ist allerbester Hemingway. Dem Dichter selbst hat dieser nach seiner Story gedrehte Film besser gefallen und mehr Freude bereitet als die meisten Hollywood-Versionen seiner Stoffe.

Pecks Darstellung als Harry kommt dieser Rolle so nahe, wie es wohl einem Schauspieler überhaupt möglich sein kann.

Harry ist eine Mischung aus Tapferkeit, Aufrichtigkeit, zwingender Verhaltensweise, Selbstzweifeln und dessen, was seitdem als *machismo* bekannt ist.

Im Jahre 1952 wäre es ungemein schwer gewesen, diese Rolle mit einem anderen Schauspieler als mit Gregory Peck zu besetzen.

Und seitdem wäre dies wohl noch viel schwieriger gewesen.

Der vielseitige Peck

Der vielleicht erfreulichste Film von Gregory Peck ist *Roman Holiday* (›Ein Herz und eine Krone‹, 1953). Und es ist auch sein liebster Film, weil ihm darin erlaubt wurde, sein Image aufzuhellen und amüsant zu sein, wenngleich auf Gentleman-Art.

Für Peck war es tatsächlich unmöglich gewesen, nicht den Eindruck angeborener Würde zu machen, obwohl er stets ehrlich bemüht gewesen war, sich nicht auf einen ganz bestimmten Typ festlegen zu lassen. Weil er dies tat, versäumte er, aus seinen erfolgreichsten Darstellungen Kapital zu schlagen. Nach *Twelve O'Clock High* (›Der Kommandeur‹) und *The Gunfighter* (›Der Scharfschütze‹, ›Scharfschütze Jimmy Ringo‹) bekam er zahlreiche Angebote, väterliche Kriegshelden und Outlaws zu spielen, aber er lehnte ab. Peck bedauert ein wenig die epische Würde seiner frühesten Rollen. Er hat das Gefühl, daß seine Karriere vielleicht ganz anders verlaufen wäre, wenn er als ersten Film *Roman Holiday* (›Ein Herz und eine Krone‹) gemacht hätte.

Roman Holiday (›Ein Herz und eine Krone‹) hat bis auf den heutigen Tag seinen Zauber behalten. Abgesehen von Peck und seiner gefälligen Präsenz als warmherziger Zeitungsmann markiert der Film Audrey Hepburns Debüt als Filmschauspielerin und Star. Sie hatte schon kleinere Rollen in britischen Filmen gespielt, aber dies war nun ihre erste größere Rolle; es war ein Resultat ihres großen Erfolges als *Gigi* am Broadway.

Die Qualität des Films kann wohl William Wylers Regie und Produktion zugeschrieben werden; seine Arbeit war stets sehr gewissenhaft und peinlich genau, auch wenn das für die beteiligten Schauspieler manchmal sehr mühselig und anstrengend war. Von weiterer Bedeutung war wohl die Entscheidung, den Film ausschließlich in Rom zu drehen und dafür die Schönheit und Mystik dieser Stadt zu benutzen. (Unglücklicherweise wurde der Film in Schwarzweiß gemacht.)

Die Zuschauer reagierten augenblicklich auf die Hepburn und diese entzückende Cinderella-Umkehrung, denn in diesem Märchen macht es einer Prinzessin Spaß, einmal für kurze Zeit die Rolle eines ganz gewöhnlichen Mädchens zu spielen. Die tempe-

›Roman Holiday‹ – ›Ein Herz und eine Krone‹ (1953); mit Audrey Hepburn und Eddie Albert.

Rechts: ›Roman Holiday‹ – ›Ein Herz und eine Krone‹ (1953); mit Audrey Hepburn.

ramentvolle junge Dame rebelliert gegen ihre langweiligen Pflichten, denen sie während einer Goodwill-Tour durch Europa unterworfen ist. Eines Abends verläßt sie heimlich ihre Botschaft in Rom. Aber da sie eine Schlaftablette genommen hat, schläft sie in der Stadt ein, bevor sie in die Botschaft zurückkehren kann. Ein amerikanischer Reporter (Peck) findet sie und nimmt an, daß sie ein wenig beschwipst ist. Er bringt sie in sein Apartment. Am folgenden Tag begreift er, wer sie ist, geht aber auf ihre zusammengebraute Version ein, ein Mädchen zu sein, das die Schule schwänzt. Seine Überlegung ist rein kommerzieller Art: Daraus könnte sich eine wichtige Exklusiv-Story ergeben! Aber während er sie in der

Stadt herumführt und ihre Gesellschaft beim Ansichtsbummel und freundlichen Abenteuern genießt, verliebt er sich in diesen warmherzigen und reizenden Sproß königlichen Geblüts. Bis dahin hat auch sie sich in ihn verliebt, aber beide begreifen, daß aus der Affäre nichts werden kann. Sie hat keine andere Wahl, als zu ihren Pflichten zurückzukehren, und er verzichtet darauf, seine einmalige Story zu veröffentlichen. Sie trennen sich so heiter wie möglich, aber beide bewahren die Erinnerung an ihren netten römischen Urlaub.

Als der Film fertiggestellt war, sagte die Hepburn zur Presse: »Gregory Peck hat mich vor jeder Szene beruhigt. Er ist sehr professionell und gründlich, wenn es um seine Arbeit geht. Wir waren eine glückliche Gemeinschaft. Niemand war launisch. Es gab keine emotionalen Barrieren. Ich lernte sehr bald, mich zu entspannen und nach Führung durch Peck und Wyler zu suchen. Ich habe beiden vertraut, und ich konnte mich stets auf sie verlassen.«

Pecks nächster Film führte ihn nach Berlin für eine gänzlich andere Art der Unterhaltung.

Night People wirkt heute viel weniger beeindruckend als im Jahre 1954; die Welt ist hinsichtlich der politischen Spannung in Berlin müde geworden. Wenn man diesen Film auf dem Fernsehschirm sieht, scheint er an Substanz und Stil ein wenig anders zu sein als all diese Filme, die ständig für den kleinen Bildschirm produziert werden.

Für Peck stellte dieser Film wieder einmal einen Genrewechsel dar, und dementsprechend mußte er auch seinen Darstellungsstil ändern. In seiner Rolle als Offizier vom U.S. Army Intelligence wirkt er brüchiger als in vielen seiner sonstigen Rollen. Der Geheimdienstbeamte ist cool und gerissen, aber auch viel rauher und zäher, als es am Anfang scheint. Er ist in das unerbittliche, grausame Geschäft der Spionage und Gegenspionage verwickelt. Er hat gelernt, seinen schwierigen Job auszuüben, während er sich (wie es aussieht) an die Vorschriften des Army and State Department hält. Pecks Darstellung weist verständnisvolle Qualität auf und verleiht dem Film die Zentralkraft. Dazu kommt das filmemacherische Geschick von Nunnally Johnson, der den Film produzierte, dabei Regie führte und auch das Drehbuch schrieb.

Einer der Hauptvorzüge von *Night People* ist, daß die Handlung schnell vorankommt. Die gesamte Story wird in etwa neunzig Mi-

›Night People‹ (1954); mit Anita Vjork.

nuten erzählt. Auf diesen Vorzug könnten zeitgenössische Filmemacher getrost ein wenig mehr achten.

Es geht um einen amerikanischen Corporal, der von den Russen entführt wird, die ihn als Tauschobjekt gebrauchen wollen. Die Neonazis auf der anderen Seite wollen zwei ältere Deutsche haben, die in Anti-Hitler-Aktivitäten verwickelt waren. Der Vater des Corporals taucht in Berlin auf und erweist sich als forscher, machtvoller Industrieller, der es gewöhnt ist, daß für ihn alles auf ein Fingerschnippen hin getan wird. Er droht mit seinem politischen Einfluß, falls der Colonel (Peck), der mit diesem Fall beauftragt ist, nicht augenblickliche Resultate erzielt. Allmählich enthüllt der Colonel dem Vater die unangenehmen Tatsachen der Berlin-Spionage, die auch vor Menschenhandel nicht zurückschreckt. Der Vater findet sich in merkwürdigem Milieu wieder, das sich vollkommen von allem anderen unterscheidet, das er bisher kennengelernt hat. Er begreift, daß seine eigenen Methoden bei dieser Art von kaltem Krieg ohne Wert sind. Er lernt den Colonel schätzen, dem es tatsächlich gelingt, den jungen Mann zurückzubekommen, wenn auch erst nach vielen hinterhältigen Manipulationen.

Night People wurde ausschließlich in Berlin gedreht, wenngleich von dieser Stadt bei weitem nicht genügend Gebrauch gemacht wurde. Von der spannungsgeladenen Handlung wurde sehr viel in

›Night People‹ (1954); mit Buddy Ebsen und Rita Gam.

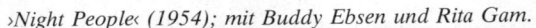

Studios gedreht. Aber die Rolle des arroganten Vaters und Industriekapitäns hätte kaum besser als mit Broderick Crawford besetzt werden können. Es bereitet ganz entschieden Vergnügen (was Johnson sehr wohl gewußt hatte), auf der Leinwand zu beobachten, wie das arrogante Selbstbewußtsein des mächtigen Finanzgewaltigen dahinschwindet, während er versucht, den unerschütterlichen Colonel (von Peck ausgezeichnet dargestellt) aus der Ruhe zu bringen.

Mitte der 50er Jahre waren schon viele Hollywood-Stars als Hauptdarsteller in britischen Filmen aufgetreten. Meistens waren es Stars, die den Gipfel ihrer Karriere bereits überschritten hatten und ganz einfach Arbeit brauchten.

Gregory Peck war der erste bedeutende Name als derzeitiger Kassenmagnet, der Abmachungen mit der britischen Filmindustrie traf.

Das resultierte in den Filmen *Man With a Million* (›Sein größter Bluff‹, 1954) und *The Purple Plain* (›Flammen über Fernost‹, 1955); beides durchaus ernsthafte und auch sehr geschickt gemachte Filme, die aber alles andere als denkwürdig sind.

Der erste Film ist der bessere; eine nette Leinwand-Version der Mark-Twain-Story über einen Amerikaner in London im Zeitalter König Eduards VII. Geschildert werden die Erlebnisse dieses Mannes, der versucht, eine einzige Banknote im Wert von einer Million Pfund zu wechseln. Twain hatte seine Geschichte als amüsanten Kommentar über die menschliche Reaktion auf Geld beabsichtigt. Unter Ronald Neames Regie hält sich der Film auch getreulich an die Quelle.

Henry Adams (Peck) strandet ohne einen Dollar in London. Zwei reiche Brüder werden auf ihn aufmerksam und wollen ihn für eine Wette benutzen. Die beiden nehmen an, daß ein Mann, der im Besitz einer Banknote im Wert von einer Million Pfund ist, allen Kredit und jede zuvorkommende Behandlung erlangen kann, ohne jemals gezwungen zu sein, die Banknote tatsächlich auszugeben. Ihrer Meinung nach kommt es nur darauf an, den Anschein von immensem Reichtum zu erwecken. Und sie behalten recht. Adams bekommt alles, was er sich nur wünschen kann, von all diesen Leuten, die bereit sind, einem reichen Mann gefällig zu sein: Üppige Mahlzeiten, elegante Maßkleidung sowie alle möglichen Luxusdinge. Als er die Banknote verliert, verliert er auch alle Vergünsti-

›Man with a Million‹ – ›Sein größter Bluff‹ (1954); mit Wilfrid Hyde-White.

gungen. Als die Banknote wieder auftaucht, wird er sofort wie früher umworben und verwöhnt. Am Ende ist er mehr als froh, diese Banknote endlich ihren rechtmäßigen Besitzern zurückzugeben und wieder ein ganz normales Leben zu führen. Aber seine Erlebnisse und Erfahrungen haben seinen Gesichtskreis enorm erweitert und auch sein Leben entscheidend verändert. Dazu gehört auch, daß er ein reizendes Mädchen für sich gewinnt.

Sowohl Peck als auch der Film sind amüsant anzuschauen. Der

›The Purple Plain‹ – ›Flammen über Fernost‹ (1955); als Forrester.

Film profitiert von den sehr detaillierten Bauten und von der dezent-gedämpften Farbfotografie.

The Purple Plain (›Flammen über Fernost‹) war ein Versuch, wieder einmal einen reifen Film über die Fliegerei im 2. Weltkrieg und über die physische und psychische Belastung bei Luftkämpfen zu machen, aber er war weit entfernt von *Twelve O'Clock High* (›Der Kommandeur‹). In England hatte der Film mäßigen finanziellen Erfolg, aber in Amerika kam er sehr schlecht an; mögli-

cherweise war dies zum Teil dem doch recht vagen Titel zuzuschreiben.

Schauplatz ist Burma im letzten Kriegsjahr. Peck spielt einen kanadischen Piloten in der R.A.F.; er ist ein Mann, der einem Nervenzusammenbruch sehr nahe ist. Als er mit zwei Kameraden im Dschungel abstürzt, benimmt er sich alles andere als vernünftig. Er besteht darauf, das Wrack zu verlassen, statt auf Hilfe zu warten. Es kommt zu einem tagelangen brutalen Marsch durch den Dschungel. Einer der Männer erschießt sich selbst; der andere ist total erschöpft und mit seinen Kräften am Ende, aber der verbissene Pilot trägt ihn in Sicherheit. Eine Rückblende im frühen Teil des Films enthüllt die Ursache für die Neurose des Piloten: Seine Frau hat in der Hochzeitsnacht bei einem Bombenangriff auf London den Tod gefunden.

The Purple Plain (›Flammen über Fernost‹) ist kein überzeugendes Beispiel für die durch Kriegseinwirkung hervorgerufenen Nervenzusammenbrüche, aber er bietet interessante visuelle Aspekte. Der Film wurde in Technicolor auf Ceylon gedreht (was David Lean inspiriert haben könnte, diese üppige Umgebung für seinen Film *The Bridge on the River Kwai* [›Die Brücke am Kwai‹] zu benutzen) und erhielt die Kooperation der Royal Air Force.

Der Film weist auch noch einen anderen Aktivposten auf: Für die Szenen, in denen sich der Pilot in einer Ortschaft aufhält und sich dort in eine junge Schönheit verliebt, setzten die Produzenten die burmesische Schauspielerin Win Min Than ein, ein Mädchen von exotischer und exquisiter Schönheit. Sie allein ist schon Grund genug, sich *The Purple Plain* (›Flammen über Fernost‹) noch einmal anzuschauen.

Im Jahre 1955 heiratete Gregory Peck zum zweitenmal. Zu seiner Scheidung von Greta, die ihm drei Söhne geboren hatte – Jonathan (verstorben), Stephen und Carey Paul –, lehnt er jeden Kommentar ab. Er erwähnt lediglich, daß diese Ehe keine Impulse mehr hatte.

Dem Vernehmen nach erhielt die erste Mrs. Peck eine stattliche Abfindung und großzügigen Unterhalt. Sie und ihr Exgatte sind Freunde geblieben. Über Peck sagt sie: »Er verdient alles, was er bekommen hat. Als Greg noch jung war, wußte er schon, was er

Mit seiner zweiten Frau Veronique.

haben wollte. Er besitzt sehr viel Kraft und präsentiert der Welt gern eine würdevolle Fassade.«

Seine zweite Frau ist Veronique Passani, eine französische Journalistin, die er in Paris kennenlernte, als ihr der Auftrag zuteil geworden war, ihn zu interviewen. Die Romanze verlief sehr schnell, und beide heirateten schon sehr bald nach Pecks Scheidung. Sie haben zwei Kinder.

Nachdem Peck den größeren Teil von vier Jahren im Ausland verbracht hatte, kehrte er nach Hollywood zurück, um die Titelrolle in Darryl F. Zanucks Filmversion von *The Man in the Gray Flannel Suit* (›Der Mann im grauen Flanell‹, 1956) zu übernehmen.

Sloan Wilsons Roman war ein Bestseller gewesen. Zanuck beauftragte Nunnally Johnson, das Drehbuch zu schreiben und auch Regie zu führen. Nach Ansicht aller Beteiligten kam für die Titelrolle nur Gregory Peck in Betracht. Der Protagonist ist ein aufrechter, anständiger, aber von Sorgen geplagter Amerikaner des Mittelstandes. Und Peck ist in der Tat ein Schauspieler, der seine eigene Version von gentlemanliker amerikanischer Angst entwickelt hat.

Im Wilson-Roman wird der Erfolg im Geschäftsleben untersucht und der Lebensstil – ob nun in der Großstadt oder im Vorort – unter die Lupe genommen, der mit solchem Erfolg einhergeht. In düstersten Aspekten wird enthüllt, wie unglücklich Männer sein können, die in diese Welt wie in eine Falle hineingeraten. Üblicherweise (zumindest während der mittfünfziger Jahre) tragen sie graue Flanellanzüge und träumen vergeblich von einem freieren Leben mit weniger Streß. Ein solcher Mann ist Tom Rath (Peck). Als Ehemann und Vater von drei Kindern wird er – weder sehr ehrgeizig noch finanziell flüssig – von seiner Frau (Jennifer Jones) gedrängt, sich einen besser bezahlten Job zu suchen und Publizist bei einer Rundfunkstation in New York zu werden. Seine Fähigkeit als Schriftsteller läßt ihn rapide vorankommen, aber geistig gerät er in den Konflikt zwischen Wirtschaft und seiner eigenen Integrität, die den Wert dessen, was er tut, in Frage stellt. Sein Leben wird noch komplizierter, als er erfährt, daß er einen illegitimen Sohn in Italien hat; die Folge einer Affäre, die er als Hauptmann der Infanterie während des Krieges hatte.

Alles dies wird in ausgedehnten Rückblenden gezeigt. Sie sind nach Meinung vieler Leute – Peck eingeschlossen – die wichtigsten Szenen des Films.

›The Man in the Gray Flannel Suit‹ – ›Der Mann im grauen Flanell‹.

Rath stellt eine Unterhaltssumme für das Kind zur Verfügung, muß aber bekümmert feststellen, daß seine Frau höchst unfreundlich reagiert, als sie von der damaligen Affäre ihres Mannes in Übersee erfährt. Das belastet die Ehe noch mehr, als sie es ohnehin schon ist, weil die Frau nach besserem sozialen Status strebt.

Rath ist auch ziemlich deprimiert, weil seine progressiven Ideen von den konservativen Rundfunkgewaltigen verworfen werden.

Bei seiner Entscheidung, sich nicht wild in der Geschäftswelt voranzukämpfen, bekommt er Unterstützung durch einen unerwarteten Bundesgenossen, nämlich durch den Besitzer der Radiostation (Fredric March). Für ihn ist Rath ein wertvoller Mann ge-

›The Man in the Gray Flannel Suit‹ – ›Der Mann im grauen Flanell‹.

worden. Rath schreibt die Reden und Ansprachen für den Besitzer. Deshalb ist er für eine weitere Beförderung vorgesehen. Aber gerade dieser Mann, der Besitzer, der Raths selbständiges Wesen bewundert, weist ihn darauf hin, daß er als Preis für seinen eigenen Erfolg das Familienleben hat opfern müssen. Der Erwerb von Reichtum und Macht ist ein geringerer Triumph, als es nach außen hin vielleicht erscheinen mag. Das genügt, um Rath zu überzeugen.

Moby Dick (1956) ist ein Meilenstein in Pecks Karriere, aber er selbst mag den Film nicht besonders.

John Hustons Version von Herman Melvilles Klassiker ist in vieler Hinsicht bewundernswert, aber das Gesamtprodukt erwies sich weniger beeindruckend als die Summe seiner Teile.

Huston schrieb zusammen mit Ray Bradbury das Drehbuch und übernahm auch Produktion und Regie. Er verwendete sehr viel Mühe darauf, eine künstlerische und eindrucksvolle Version des Stoffes zu realisieren, aber er wurde von Problemen geplagt, so daß sich die Dreharbeiten über fast zwei Jahre hinzogen. Er wußte, daß es alles andere als leicht sein würde, ein riesiges Modell eines Wales zu bauen und mit dieser Nachbildung zu operieren, aber er war nicht auf die Launen des Wetters bei den irischen Außenaufnahmen vorbereitet, die längere Aufenthalte auf See erforderlich machten.

Huston hatte ursprünglich geplant, den Film mit seinem Vater Walter Huston als Captain Ahab zu machen, aber der Tod beendete diesen Traum.

Warner Bros. hatten 1926 und 1930 die Versionen mit John Barrymore gefilmt. Dem Studio lag nicht viel an einem Remake. Man vertrat die Ansicht, daß dieser ernste, strenge Film, in dem es ausschließlich männliche Darsteller gab, keinen Anklang bei einem breiteren Publikum finden würde. Das Studio hatte recht. Die Gesamtkosten für diesen Film beliefen sich am Ende auf fast fünf Millionen Dollar, aber an den Kinokassen blieb dieser Streifen von Anfang an erfolglos.

Huston wußte, daß seine einzige Hoffnung darin bestand, einen bedeutenden Filmstar verpflichten zu können, und der einzige Mann dieses Kalibers, den Huston in Betracht ziehen wollte, war Gregory Peck.

Peck war auch damit einverstanden, in diesem Film aufzutreten, aber er wußte nicht, daß Huston ihn für die Rolle des Ahab haben

›Moby Dick‹ (1956); Captain Ahab steht den Männern von der Pequod gegenüber.

wollte, nicht aber für die Rolle von Starbuck; eine Rolle, die Peck kannte und verstand. Als er erst später erfuhr, daß er den Ahab spielen sollte, sah er sich verpflichtet, damit einverstanden zu sein, denn er sah nur allzu deutlich, daß dieses Projekt Huston offenbar sehr viel bedeutete.

Als der Film im Verleih war, lautete die einhellige Meinung der Kritiker: Die Rolle des Ahab war mit Peck falsch besetzt. Der Schauspieler stimmte diesem Urteil zu.

Die Leute, denen es Spaß gemacht hatte, auf Pecks Lincoln-Image herumzureiten, fanden neue Beweise für den Vergleich. Mit Bart und schwarzem Anzug sah Peck auch tatsächlich wie ein Salz-

›Moby Dick‹ (1956); mit Leo Genn.

wasser-Lincoln aus, in diesem Fall allerdings ohne jeglichen Humor.

Hustons Version hält sich getreulich an den Geist des Melville-Romans und hackt auf der Handlung herum. Der Hafen von New Bedford, Massachusetts, im Jahre 1840 wurde in Irland nachgebaut. Huston und sein Kameramann, der Veteran Oswald Morris, trafen die bemerkenswerte Entscheidung, Technicolor etwas zu dämpfen, indem man es mit Schwarzweiß-Entwicklungsprozessen kombinierte. Das Ergebnis war ungemein effektiv und vermittelte ein Gefühl der Traurigkeit und Antiquiertheit.

Melville schrieb seinen Roman im Jahre 1850 und baute viel

Symbolik über die Natur des Menschen und über die Kräfte, die ihn verzehren, mit ein.

Moby Dick erzählt die Geschichte von der letzten Fahrt des Walfängerschiffes *Pequod*, dessen Kapitän vom Haß auf den großen weißen Wal besessen ist, den er unbedingt fangen und töten will. Bei einer früheren Gelegenheit hatte der Wal dem Kapitän ein Bein abgerissen.

Die Story wird von einem jungen Seemann namens Ishmael (Richard Basehart) erzählt, dem einzigen Überlebenden des Abenteuers.

Ahab drängt seine Mannschaft, ihm bei seiner Suche behilflich zu sein und ihm zu folgen. Als die *Pequod* schließlich auf den riesigen Wal stößt, werden beim Kampf das Schiff, die Besatzung und der Kapitän vernichtet. Ahab springt auf den Wal und sticht wild mit der Harpune auf ihn ein, verfängt sich aber in Stricken und Leinen. So muß er ertrinken, als der Wal untertaucht.

Peck bestreitet keineswegs Hustons Leistung bei der Produktion von *Moby Dick*. Er bestätigt, daß enormes Geschick nötig war, um diesen Film zu machen. Aber Peck hat doch das Gefühl, daß der berühmte Regisseur eine etwas perverse Ader in seinem Naturell hat, desgleichen einen fatalen Überfluß an irischem Charme.

Viele Schauspieler haben sich darüber beklagt, von Huston als Regisseur nur mangelhaft geführt worden zu sein.

Peck erinnert sich: »Bei einer Szene hat er nur gesagt: ›Spüren Sie die Kamera auf Ihrem Gesicht!‹ Das aber hat mich lediglich verwirrt. In einer wichtigen Szene hatte ich eine lange Ansprache zu halten, die mit den Worten begann: ›Wenn es überhaupt einen Gott gibt, dann kann es nur ein böswilliger Gott sein!‹ Da wurde mir gesagt: ›Wenn Sie jemals Ihre Meinung richtig ausdrücken wollen, dann muß es jetzt geschehen!‹ Ist das vielleicht Regie?«

Peck bezweifelt, daß überhaupt jemand einen wahrhaft überzeugenden Film nach dem Roman *Moby Dick* machen kann, weil Melville zuviel Allegorien und metaphysische Überlegungen eingebaut hat, die ganz einfach jeder Dramatisierung trotzen. Gerade Ahab – stolzer Verrückter oder dem Schicksal trotzender Held? – läßt sich eher diskutieren als verfilmen.

Peck stellt dazu fest: »Ich bezweifele ganz offen, ob der Film ein Erfolg geworden wäre, wenn ein anderer als ich den Ahab gespielt hätte. Ich bin niemals das Gefühl ganz losgeworden, daß Ahab ein alter Verrückter war. Huston war wohl angesichts der packenden

Melville-Prosa ein bißchen zu ehrfürchtig an die Verfilmung dieses Stoffes herangegangen. Ich bin nach wie vor der Meinung, daß dies alles zwischen zwei Buchdeckel gehört.«

Vielleicht suchte sich Peck gerade wegen *Moby Dick* als nächsten Film etwas ganz anderes aus, nämlich eine Komödie, bei der Vincente Minnelli elegant Regie führte. Die weiblichen Hauptrollen wurden mit Lauren Bacall und Dolores Gray besetzt.

Peck hatte an sich gehofft, daß sein Erfolg in *Roman Holiday* ihm

›Moby Dick‹ (1956); Ahab sucht nach Moby Dick.

mehr Angebote für leichte Komödien eingebracht hätte. Für dieses Genre hatte er schon immer eine starke Neigung ausgedrückt. Aber solche Angebote waren rar, und der mäßige Erfolg von *Designing Woman* (›Warum hab' ich ja gesagt‹, 1957) war auch nicht gerade dazu angetan, in Cary Grants Domäne einzubrechen.

In diesem Film stellt Peck wieder einmal einen Schriftsteller dar, diesmal einen Sportjournalisten, dessen Romanzen mit der Sängerin und Schauspielerin (Gray) und einem weiblichen Mode-Designer (Bacall) ihn auf Territorien führen, die sich grundlegend von seinem eigenen Gebiet unterscheiden. Durch seine Verbindung mit dem Boxsport kommt auch noch die Unterwelt ins Spiel.

Die Idee für das Filmdrehbuch kam von der Modeschöpferin Helen Rose, die natürlich diese günstige Gelegenheit gleich dazu benutzte, ihre neuesten Kreationen vorzustellen.

Designing Woman (›Warum hab' ich ja gesagt‹) hat eine flüchtige Ähnlichkeit mit *Woman of the Year* (1942), also mit dem Film, in dem Katharine Hepburn und Spencer Tracy zum erstenmal gemeinsam auftraten.

In diesem Film setzt die Komödie ein, als der Schriftsteller, ein unordentlicher Junggeselle, die Modeschöpferin heiratet und von seinem Apartment in Greenwich Village in ihre Wohnung auf der eleganten East Side umzieht und versucht, sich an den *très chic* anzupassen. Als sie den Auftrag erhält, die Modelle für ein neues Broadway-Musical zu entwerfen, lernt sie die Exfreundin ihres Ehemannes kennen, den Star der Show.

Die zweite Welle von Komplikationen setzt ein, als Gangster versuchen, den Schriftsteller zu eliminieren, weil er ihre Aktivitäten entlarvt. Jetzt verbünden sich verschiedene Gruppen unter seinen Freunden miteinander, um ihn aus dieser Situation zu befreien.

Die denkwürdigste Szene in *Designing Woman* (›Warum hab' ich ja gesagt‹) spielt sich in einem Luxusrestaurant ab. Peck hat sich hier mit der Gray getroffen, um ihr zu eröffnen, daß er die Bacall heiraten wird und deshalb die Gray nicht wiedersehen kann. Ihre Unterhaltung verläuft ruhig und höflich. Die Gray scheint seine langatmige Erklärung ohne offensichtliche Emotion aufzunehmen. Dann langt sie ganz ruhig über den Tisch hinweg und kippt Peck

›*Designing Woman*‹ – ›*Warum hab' ich ja gesagt*‹ (1957); mit Lauren Bacall.

eine Schüssel Ravioli in den Schoß. Er zeigt keinerlei Reaktion und setzt seine Erklärung fort, als wäre überhaupt nichts geschehen. Dann verabschieden sich die beiden.

Peck hält sehr viel von dieser Szene, zumal mehrere berühmte Komiker sich später anerkennend darüber ausdrückten, wie er die Szene gespielt hatte. George Burns war einer von ihnen.

»George hat mir gesagt, daß meine Darstellung eine der besten war, die er je gesehen hat. Daß er mir sagte, von mir zum Lachen gebracht worden zu sein, war für mich fast so gut, wie einen Oscar zu bekommen. Später habe ich eine TV-Show mit George und Jack Benny gemacht. Das war ein großer Spaß. Ich habe an Komödie mehr Freude als an irgend etwas anderem, und ich habe längst nicht so viel davon gemacht, wie ich es mir gewünscht hätte. Nach *Designing Woman* (›Warum hab' ich ja gesagt‹) dachte ich, daß man mich mit Angeboten für Komödien überschütten würde, aber das war nicht der Fall. Vielleicht bin ich in einer Komödie eben doch nicht so gut, wie ich es zu glauben scheine. Aber noch habe ich den Gedanken daran nicht aufgegeben. Ich hoffe, daß ich in meinen reiferen Jahren imstande sein werde, die Leute zum Lachen zu bringen, wenn man mir Gelegenheit dazu gibt. Leute zum Lachen zu bringen . . . das ist eine große Gabe!«

Nach *Designing Woman* (›Warum hab' ich ja gesagt‹) schwenkte das Peck-Pendel wieder einmal in die andere Richtung, nämlich für *The Bravados* (›Bravados‹, 1958). Das war ein grimmiger Western, in dem es kaum etwas zum Lächeln, geschweige denn zum Lachen gab.

Dieser Film vereinigte den Schauspieler wieder mit dem ehrwürdigen Henry King, der über Western offenbar genauso dachte wie Peck: Wenn sie schon gemacht werden, dann sollen sie sich so weit wie irgend möglich von der Norm unterscheiden.

The Bravados (›Bravados‹) geht sogar noch einen Schritt weiter: Der Film untersucht die Ergebnisse fehlgeleiteter Rache.

Die Handlung beginnt damit, daß ein Fremder in eine Kleinstadt geritten kommt, und zwar in der Nacht, bevor vier Outlaws gehängt werden sollen. Der Fremde (Peck) wird zunächst für den Henker gehalten, weil er verlangt, sich die Gefangenen anschauen zu dürfen. In Wirklichkeit aber ist er den vier Gesetzlosen auf den Fersen, weil er glaubt, daß sie seine Frau vergewaltigt und ermordet haben.

Als die Männer aus dem Gefängnis entkommen, verfolgt er sie

›Designing Woman‹ – ›Warum hab' ich ja gesagt‹ (1957); mit Lauren Bacall.

mit grimmiger Entschlossenheit und Beharrlichkeit. Als er auf einen von ihnen stößt, tötet er ihn erbarmungslos, obwohl der Outlaw seine Unschuld beteuert. Der Rächer kann auch zwei weitere Gesetzlose einholen und töten. Der einzige Überlebende (Henry Silva) schafft es, nach Hause zu gelangen. Als der Verfolger auch hier auftaucht, kann der Überlebende ihn überzeugen, daß weder er noch seine drei Kameraden etwas mit der Vergewaltigung und dem Mord zu tun hatten.

›The Bravados‹ – ›Bravados‹ (1958); mit Joan Collins.

Rechts: ›The Bravados‹ – ›Bravados‹ (1958); als Jim Douglass.

Jetzt sieht sich der eigenmächtige Rächer gezwungen, der Tatsache ins Gesicht zu sehen, daß er auf brutale Art und Weise das Gesetz in seine eigenen Hände genommen hat. Glücklicherweise hat er ein Kind und eine ehemalige Geliebte, zu denen er zurückkehren kann.

Peck macht den Hauptdarsteller dieses Films durchaus glaubwürdig, wenngleich nicht sympathisch. Seine Darstellung verleiht einem Mann Substanz, der sonst vielleicht nichts weiter gewesen wäre als ein unerfreulicher Charakter. Im Film wird die vorherrschend drohende Stimmung von Mitgefühl durchsetzt; das ist wahrscheinlich King genauso zu verdanken wie Peck.

Ein Schauspieler kann immer nur eine gewisse Leistung erbringen. Am Regisseur liegt es, das richtige Gleichgewicht herzustellen.

In King hatte Peck einen Regisseur, bei dem es ihm Freude machte, jede Phase eines Films in dessen Konzeption und Ablauf zu diskutieren.

›Wer die Nachtigall stört‹

Ob *The Big Country* (›Weites Land‹, 1958) es verdient, als einer der wahrhaft großen Western bezeichnet zu werden, ist Ansichtssache. Der Film hat viel zu seiner Empfehlung aufzuweisen: Die visuelle Reichweite und die Colorfotografie von Franz Planer sind außergewöhnlich, und die Filmmusik von Jerome Moross ist ein Markenzeichen für sich. Der Film hat weiter den großen Vorzug,

›The Big Country‹ – ›Weites Land‹ (1958); mit Burl Ives.

daß der geschätzte William Wyler Regie führte. Außerdem betätigt sich Gregory Peck hier zum erstenmal nicht nur als Star, sondern gleichzeitig als Produzent.

Peck, der sich ja schon immer viel Zeit gelassen hat, um seine Vehikel auszuwählen und in Filme umzusetzen, hatte nun das Gefühl, daß er größere Kontrolle über die künstlerischen und geschäftlichen Aspekte seiner Filme haben wollte. Die Ergebnisse waren nicht beeindruckend genug, um ihn dazu zu bewegen, seine Karriere als Schauspieler ganz aufzugeben. Einige Erlebnisse und Erfahrungen während der monatelangen Produktion, vor allem die Differenzen mit Co-Produzent Wyler, änderten Pecks Ansichten über die Arbeit hinter der Kamera. Aber sein Respekt vor diesen Bemühungen steigerte sich.

Abgesehen von der Tatsache, daß *Big Country* (›Weites Land‹) ein Western ist, hat der Film nur wenig gemeinsam mit *The Bravados* (›Bravados‹). Auch Pecks Darstellung unterscheidet sich gewaltig. *The Bravados* (›Bravados‹) verlangte von ihm, grimmig, bitter und unvernünftig zu sein.

Der Peck in *The Big Country* (›Weites Land‹) ist dagegen freundlich, empfindsam und aufgeschlossen.

Hier ist der Protagonist ein Mann aus dem Osten, ein ehemaliger Schiffskapitän, der nach dem Westen reist, um die Tochter eines Rinderbarons zu heiraten. Er ist jedoch vom Mädchen und auch von dessen Vater enttäuscht. Auch die Gastfreundschaft im Westen findet er etwas eigenartig. Begriffe des Westens über Männlichkeit kommen ihm teils kindisch, teils brutal vor. Die Tochter (Carroll Baker) ist verwöhnt und oberflächlich; sie verliert ihren Mann an eine beherzte junge Lehrerin (Jean Simmons). Der Vater (Charles Bickford) ist ein feudaler Lord und nicht bereit, seine Wasserrechte mit dem Oberhaupt (Burl Ives) einer anderen, ärmeren Sippe zu teilen. Daraus ergibt sich unausweichlich ein gewalttätiger Konflikt.

Der Held gerät in diese Auseinandersetzungen und benimmt sich dabei auf eine Art, die dem Gastgeber vollkommen fremd ist. Der Held lehnt Herausforderungen zu Mutproben ab. Als er vom Vormann (Charlton Heston) verhöhnt wird, tritt er ihm eines Nachts gegenüber, als sie ganz allein sind. Auch einen wilden Bronco zähmt er auf gleiche Art ... nämlich allein.

Die beiden Chefs der rivalisierenden Clans sterben beim Kampf. Allmählich setzen sich die Ansichten des Helden aus dem Osten

›The Big Country‹ – ›Weites Land‹ (1958); als James McKay.

›Pork Chop Hill‹ (1959); mit Harry Guardino.

durch; er kann den Überlebenden so etwas wie gesunden Menschenverstand beibringen.

In der ursprünglichen Fassung lief *The Big Country* (›Weites Land‹) fast drei Stunden über die Leinwand, durch eine Pause unterbrochen. Kritiker waren der Meinung, daß die Länge des Films den Inhalt bei weitem übertraf. Liebhaber von Knallerballer-Western waren da weniger spitzfindig oder krittelig.

Bei seiner nächsten Produktion entschied sich Peck für einen grimmigen Stoff über den Korea-Krieg. Als Regisseur suchte er sich Lewis Milestone aus, wobei er daran dachte, daß dieser Mann einen der großartigsten aller Antikriegsfilme gemacht hatte: *All Quiet on the Western Front* (›Im Westen nichts Neues‹).

Bei *Pork Chop Hill* war es nicht nötig, die Botschaft des 1930er Klassikers zu wiederholen. Die Zuschauer von 1959 brauchten gar nicht mehr darauf aufmerksam gemacht zu werden, daß Krieg eine scheußliche Absurdität war.

›Pork Chop Hill‹ (1959); mit Rip Torn.

Pork Chop Hill unterstreicht dagegen die Diskrepanz zwischen den Versuchen älterer Offiziere, dem Feind mit taktischen Manövern Angst und Schrecken einzujagen, und den tatsächlichen Anstrengungen derjenigen, die diese taktischen Manöver dann durchzuführen hatten.

Das Drehbuch basiert auf dem weitgepriesenen Bericht von S. L. A. Marshall über die Erstürmung einer Hügelkuppe im April 1953; eine heroische, aber teuer bezahlte Aktion einer kleinen Kompanie amerikanischer Infanterie.

Die Tatsache, daß dieser Zwischenfall heutzutage fast in Vergessenheit geraten ist, macht *Pork Chop Hill* nur um so packender. Als erbarmungslose und grimmige Erinnerung an den Tribut, der in jedem Krieg zu entrichten ist, handelt es sich um einen ausgezeichneten Film, aber der brutale Realismus mindert erheblich den Wert als Unterhaltungsfilm.

Zentralfigur ist der Kompaniechef Lt. Joseph G. Clemons jr., der den Produzenten bei der Herstellung des Films auch als Berater zur Seite stand.

Diese Rolle suchte sich Gregory Peck aus, und er spielte sie dann auch auf kühle, ernste Weise. Ihm lag sehr viel daran, mit seiner Darstellung den Mut des Mannes herauszustellen, aber nicht etwa im Sinn von theatralischem Heroismus.

Der tatsächliche Zwischenfall fand zu einer Zeit statt, als beide Seiten in Panmunjom mit Diskussionen beschäftigt waren. Die Filmstory macht deutlich, daß die Amerikaner mit ihrer Entscheidung, den Hügel zu erstürmen, ihre Macht demonstrieren wollten, um bei den nordkoreanischen Verhandlungspartnern nicht das Gesicht zu verlieren. Der Hügel wurde erobert, obwohl es beim Kampfgeschehen ein Durcheinander an Befehlen gab. Erkauft wurde dieser Prestigesieg mit einem unnötigen Verlust an Menschenleben, und zwar vor allem deshalb, weil amerikanische Soldaten unter Beschuß von der eigenen Seite gerieten.

Nur dank ihres Mutes und ihrer zähen Verbissenheit überlebten Lt. Clemons und seine kleine Kompanie. Ihre Anstrengungen bis zur Erschöpfung bei diesem Kampf, in dem sie sich schwitzend und blutend voranarbeiten, erscheinen geradezu ironisch und bemitleidenswert angesichts der taktischen Zweifel, ob der Hügel überhaupt erstürmt zu werden brauchte.

Alles dies wird im Film von Milestone, Peck und allen Beteiligten gut auf die Leinwand gebracht.

›Beloved Infidel‹ – ›Die Krone des Lebens‹ (1959); mit Deborah Kerr.

Aber ein ähnlicher Zweifel schwebt über dem Film selbst: Hat *Pork Chop Hill* all diese Bemühungen verdient? Hat es sich eigentlich gelohnt, diesen Film zu machen?

Beloved Infidel (›Die Krone des Lebens‹, 1959) ist ein Film, für den Peck nicht viel Achtung hegt.

Der Film ist wieder einmal ein Beispiel dafür, daß Hollywood offenbar nicht imstande ist, einen ehrlichen Film über seine eigenen Leute zu machen.

So war dem Film auch kein sonderlicher Kassenerfolg beschieden.

Peck wurde die lauwarme Kritik zuteil, daß wenigstens er versucht hat, seiner Darstellung von F. Scott Fitzgerald so etwas wie Würde und Sympathie zu verleihen.

Aber seine Enttäuschung war milde, verglichen mit der Enttäuschung von Sheilah Graham. Sie hielt diesen Film von Twentieth Century-Fox über ihre Liebesaffäre mit Fitzgerald für ein totales Desaster. Sie gestand ehrlicherweise ein, daß Deborah Kerr wirklich zu fein und vornehm war, um die Rolle der Graham spielen zu können, denn die Graham war ein Cockney-Girl, das sich danach gesehnt hatte, einen besseren Platz in der Gesellschaft einzunehmen, was ihr schließlich als Klatsch-Kolumnistin in Hollywood auch gelang. Sie bestand aber auch darauf, daß Peck für die Rolle des Fitzgerald verkehrt war. Ihrer Meinung nach wäre Richard Basehart besser geeignet gewesen, die letzten traurigen Lebensjahre des Schriftstellers darzustellen. Aber das Studio betrachtete den Namen dieses Schauspielers als nicht zugkräftig genug für ein Projekt, das offenbar als prächtige *soap opera* gedacht war.

Sheilah Graham war höchst unglücklich über das Script und bat den Produzenten Jerry Wald, ob sie nicht ihre eigene Version schreiben könnte. Er war auch damit einverstanden, akzeptierte aber ihr Material nicht. Da zog sich die Graham verbittert zurück und wollte nichts mehr mit dem Film zu tun haben.

Peck schafft es, die Tragödie eines Mannes anzudeuten, der zwar sehr talentiert war, aber von seinen eigenen Schwächen geschlagen wurde. Aber das Drehbuch von Sy Bartlett lieferte Peck keine voll entwickelte Rolle. Statt dessen scheint Fitzgerald nichts weiter als ein Alkoholiker zu sein, der sich geradezu kindisch auf eine Frau verläßt.

Gerade dieser Interpretation widersprach Sheilah Graham mit aller Schärfe. Ihrer Meinung nach wurde damit genau ins Gegenteil verkehrt, was eigentlich der Kernpunkt der Story ist, daß nämlich Fitzgerald tatsächlich ihr Henry Higgins war. Sie spricht von ihrem Buch als von ›der Erziehung einer Frau‹ und bescheinigt Fitzgerald, ihr sehr viel über das Leben und über die Künste beigebracht zu haben. Als Gegenleistung war sie ihm dabei behilflich, den Glau-

---

›Beloved Infidel‹ – ›Die Krone des Lebens‹ (1959); als F. Scott Fitzgerald.

›Beloved Infidel‹ – ›Die Krone des Lebens‹ (1959); mit Deborah Kerr.

ben an sich selbst wiederzufinden, als er sich an einem Tiefpunkt seines Lebens befand, herbeigeführt durch ein allzu sorgloses Leben, aber auch durch den emotionalen Streß in seiner Ehe mit seiner Frau Zelda. Die Graham lebte mit Fitzgerald dessen letzte drei Jahre zusammen (1937–1940), aber der Film vermeidet geflissentlich die interessante Tatsache, daß der Schriftsteller nicht imstande gewesen war, zu einer harmonischen Übereinstimmung mit Hollywood zu gelangen. Dieser Aspekt des Films ist vielleicht nicht einmal sonderlich überraschend, denn Hollywood versagt ja üblicherweise, in Filmen wie *Beloved Infidel* (›Die Krone des Lebens‹) über eigene Probleme und Besonderheiten zu sprechen.

Peck spürt, daß *Beloved Infidel* (›Die Krone des Lebens‹) für ihn ein Fehler war; daß er ihn eigentlich auch nur gemacht hatte, weil in seinem Vertrag mit Fox noch ein Film vorgesehen war. Er behauptet: »Die schizophrene Qualität des Drehbuches hat alles verdorben. Man wußte offenbar selbst nicht so recht, was man wollte. Sollte der Film nun die letzte Episode im Leben eines amerikanischen Schriftstellers schildern, was mir sehr gefallen hätte, oder wollte man ein Märchen über Little Nell aus Cockney-London produzieren?«

Die Produzenten legten sich schließlich auf die zweite Version fest. Aber selbst in dieser Hinsicht versagt der Film, weil die ladylike Doborah Kerr nicht imstande war, den Drang eines ehrgeizigen Mädchens aus den unteren Gesellschaftsschichten überzeugend darzustellen, und der robuste Peck sieht kaum aus wie ein Mann, der schon im Alter von vierundvierzig Jahren sterben würde.

Aber wie Sheilah Graham ganz richtig sagt: »Wenn man seine Story an eine Filmgesellschaft verkauft hat, dann hat man damit zugleich seine Seele dem Teufel verschrieben!«

Berücksichtigt man, daß Henry King schon in fortgeschrittenem Alter ist, so dürfte *Beloved Infidel* (›Die Krone des Lebens‹) wohl die letzte Zusammenarbeit zwischen Peck und diesem angesehenen Regisseur gewesen sein.

Peck teilt die Ansicht vieler Filmexperten, daß King niemals für seine beständige, solide Arbeit während einer bemerkenswert langen Karriere (1915 bis 1961) das Lob zuteil geworden ist, das er eigentlich verdient gehabt hätte.

King war einer der bedeutendsten Regisseure von Fox. Für die meisten Top-Produktionen dieses Studios fiel Zanucks erste Wahl auf Henry King. So entstand eine beachtliche Reihe von Kassenschlagerfilmen, die wohl kaum übertroffen werden kann.

Die Kritiker erkannten ihn als vielseitigen Regisseur an, der seine Fähigkeiten fast für jedes Projekt einsetzen konnte, aber man hielt ihn nicht für einen Mann mit hervorragendem oder ungewöhnlichem Touch.

Peck sprach mit Gordon Gow für *Films and Filming* (September 1974) über Henry King. Nach Pecks Ansicht war der Regisseur stolz darauf, als tüchtiger und praktischer Regisseur bekannt zu sein.

»Er hat mir zweifellos auf großartige Weise geholfen, meine Karriere zu formen. Seine Beziehung zu mir war wie das Verhältnis zwischen älterem und jüngerem Bruder. Er war für mich so etwas wie eine Ein-Mann-Zuschauerschar. Zu ihm konnte ich volles und absolutes Vertrauen haben. Er war ganz einfach der richtige Mann für mich. Wenn ich für ihn spielte und er mit mir zufrieden war, so konnte ich sicher sein, mich auf dem richtigen Weg zu befinden. Das kann man nicht von allen Regisseuren sagen. Er ist auch ein Mann, der Schauspielern gegenüber keine Feindseligkeit oder Selbstüberheblichkeit kennt. Es gibt Regisseure, die sind vielleicht zu gerissen und auch zu vorsichtig, um es laut zu sagen, aber bei ihnen spürt man, daß sie eine Art Mißachtung für Schauspieler hegen. Manche Regisseure sehen in Schauspielern nur Werkzeuge, die man benutzen, oder Gegenstände, die man hin und her bewegen kann. Ich glaube nicht, daß dies der richtige Weg ist, um das Beste aus einem Schauspieler herauszuholen.«

Pecks nächster Film *On the Beach* (›Das letzte Ufer‹, 1960) war einer seiner bedeutendsten. Die Tatsache, daß sich der Film mit dem Ende menschlichen Lebens nach einer Atomkatastrophe befaßt, verleiht ihm eine etwas seltsame Qualität. Aber die Botschaft bleibt intakt . . . daß nämlich alles Leben auf diesem Planeten nach einem Atomkrieg zu Ende sein könnte.

Dieses Thema interessierte den Produzenten und Regisseur Stanley Kramer ungemein; er hatte sich ja früher schon mit so schwergewichtigen Stoffen wie den vergessenen Opfern des Krieges (*The Man,* 1950) und Rassenproblemen (*Home of the Brave,* 1949, und *The Defiant Ones,* 1958) befaßt.

›On the Beach‹ – ›Das letzte Ufer‹ (1959); mit Ava Gardner.

›On the Beach‹ – ›Das letzte Ufer‹ (1959); mit Fred Astaire.

Peck fand das Hauptthema von Nevil Shutes Roman ebenfalls als gut geeignetes Rohmaterial für einen machtvollen Film.

Die Rolle des U-Boot-Kommandanten der U.S. Navy, der mutig und gefaßt dem bevorstehenden Tod ins Auge sieht, hätte wohl auch jeden anderen Schauspieler lebhaft interessiert.

Shutes Story ist in seine Heimat Australien verlagert. Klugerweise hielt sich Kramer auch beim Film daran. Er drehte ihn im großen und ganzen in Australien; das verlieh dem Film sogar noch eine größere Entfernung von der Story, wenngleich der Anblick der toten und verlassenen Stadt San Francisco für Amerikaner einen empfindlichen Nerv berührte. Wie dieser Krieg zustande gekommen war oder wer ihn begonnen hatte, ist für den Film unerheblich. Es geht einzig und allein darum, wie eine ganz bestimmte Gruppe von Leuten auf den langsamen Angriff radioaktiv verseuchter Luftwolken und auf die Erkenntnis, daß nur noch eine kurze Zeitspanne Leben verbleibt, reagiert.

Für Shute besteht die allgemeine Reaktion der Leute darin, noch aus allem, was man hat, das Beste zu machen. Wer weniger sensitiv ist, entscheidet sich dafür, das restliche Leben noch rasch so gut wie eben möglich zu genießen. Wer zarter besaitet ist, begreift noch deutlicher, was ihm bisher lieb und teuer gewesen ist.

Es ist wirklich sehr schwierig, die Botschaft von *On the Beach* (›Das letzte Ufer‹) zu ignorieren.

Kramers Film konzentriert sich auf ein U-Boot und dessen Besatzung. Das U-Boot ist zum Zeitpunkt der Atomexplosion getaucht und damit bislang dem sicheren Tod entronnen.

Der Kommandant erfährt, daß seine Frau und seine Kinder getötet wurden, aber noch bringt er es nicht fertig, daran zu glauben. Da die südliche Hemisphäre noch nicht verseucht ist, nimmt er mit seinem U-Boot Kurs auf Australien. Dort treffen die Behörden bereits alle Vorbereitungen, um die letzten Tage zu erleichtern. Eine dieser Maßnahmen besteht darin, daß man Selbstmordpillen verteilt.

In Australien lernt der Kommandant eine reizende und liebende junge Frau (Ava Gardner) kennen. Beide genießen die gegenseitige Gesellschaft, aber seine letzte und endgültige Entscheidung ist, mit seinen Leuten nach Amerika zurückzukehren, damit sie in ihrer Heimat sterben können. Das Pflichtbewußtsein des Kommandanten bestimmt seinen Kurs: Er will so sterben, wie er gelebt hat.

Als nächstes entschied sich Peck dafür, die Hauptrolle in *The Guns of Navarone* (›Die Kanonen von Navarone‹, 1961) zu übernehmen. Im Genre epischer Kriegsabenteuerfilme gibt es nur wenig Vergleichbares oder Gleichwertiges.

Carl Foreman schrieb das Drehbuch und produzierte den Film. In seinem früheren Film *The Bridge on the River Kwai* (›Die Brücke am Kwai‹) hatte er das philosophische Element noch stark betont, aber *The Guns of Navarone* (›Die Kanonen von Navarone‹)

war als reiner Unterhaltungsfilm gedacht. Er kostete sechs Millionen Dollar, spielte aber schon sehr bald Profit ein.

Navarone wurde größtenteils auf der griechischen Insel Rhodos gedreht. Innenaufnahmen machte man in Londoner Studios.

Alistair MacLeans Roman war ein Bestseller gewesen und schien also ein logisches, obwohl teures Vehikel für eine Verfilmung zu sein.

Columbia wollte seine hohen Investitionen schützen und gab Gregory Peck noch zwei berühmte Namen als Rückendeckung: David Niven und Anthony Quinn; dazu noch eine gehörige Portion von der britischen Schauspieler-Bruderschaft.

Wenn man diesem Film überhaupt einen Fehler anlasten will,

›The Guns of Navarone‹ – ›Die Kanonen von Navarone‹ (1961); mit David Niven.

›The Guns of Navarone‹ – ›Die Kanonen von Navarone‹ (1961); mit Anthony Quayle.

dann allenfalls mit dem Hinweis, daß die Charakterdarstellungen dazu neigen, allzu konventionell angelegt und der Action und dem Spektakulum untergeordnet worden zu sein.

Peck spielt die Rolle eines Offiziers, der im Privatleben von Beruf Bergsteiger ist. Er erhält den Auftrag, eine gefährliche Mission durchzuführen. Man hat ausgerechnet ihn dafür ausgesucht, weil er Bergsteiger ist. Er ist nicht sehr erfreut über diese Mission und über das damit verbundene Töten, aber er nimmt eine pragmatische Haltung ein, um den Job zu erledigen.

Navarone dreht sich um eine deutsche Festung auf einer griechischen Insel im Jahre 1943. Es ist dringend erforderlich, diese Festung zu vernichten und die beiden immensen, radargesteuerten Kanonen außer Gefecht zu setzen, um den alliierten Streitkräften die Passage durch die Meerenge, den Zugang zu den griechischen Inseln, zu ermöglichen. (Die Feuerkraft dieser Langrohrgeschütze ist auch ein Faktor in der Hoffnung der Deutschen, die Türkei überreden zu können, in den Krieg auf seiten der Achsenmächte einzutreten.)

Für diese gefährliche Expedition wird ein Expertenteam aus alliierten Reihen zusammengestellt. Als der Anführer (Anthony Quayle) verwundet wird, übernimmt der rangnächste Offizier (Peck) das Kommando. Wie er und seine Kameraden zum Erfolg kommen, davon handelt dieser Film mit einer Spieldauer von zweieinhalb Stunden. Die schauspielerische Leistung, die Regie von J. Lee Thompson, die Fotografie von Oswald Morris, die Musik von Dimitri Tiomkin sowie einige verblüffende Spezialeffekte garantierten einen Erfolgsfilm.

Für Peck bedeutete dieser Film ein Jahr Beschäftigung und zugleich Gelegenheit, sich als Top-Kassenmagnet zu erweisen.

Die interessanteste Rolle in *Navarone* wird von David Niven gespielt. Er war selbst Offizier der britischen Armee und hatte schon oft die Rolle von Offizieren gespielt. In diesem Film tritt er als Corporal auf, und als ziemlich mürrischer obendrein. Da Niven in persona alles andere als mürrisch ist, wurde von ihm eine enorme schauspielerische Leistung verlangt. Mit seinem Vorrat an Anekdoten hielt er seine Mitdarsteller bei bester Laune.

Über seine Zusammenarbeit mit Peck sagt Niven: »Viele Szenen wurden gedreht, während wir bis zu den Hüften in eiskaltem Wasser standen; das ging manchmal von neun Uhr vormittags bis sechs Uhr abends. Als Schutz gegen die Kälte gab es Brandy und Rum im Überfluß. Die Flaschen wurden zwischen den Aufnahmen ausgeteilt. Gregs Kapazität fürs Trinken und für die Arbeit war erstaunlich. Gegen Mittag waren wir anderen fast durchweg angetrunken oder nahe daran. Greg aber nicht. Er hielt Drink um Drink mit uns mit, aber keiner von uns hat ihn auch nur ein einziges Mal schwanken oder gar torkeln gesehen. Er verpatzte auch keine Textstelle. Eigentlich war es schon widerlich, mitansehen zu müssen, wie ein Mann soviel Schnaps vertragen kann. Noch ärgerlicher aber war seine humorvolle, überlegene Haltung uns anderen gegenüber.«

Für *Cape Fear* (›Ein Köder für die Bestie‹, 1962), eine Co-Produktion von Gregory Peck und Sy Bartlett, sicherte sich Peck wieder die Dienste von J. Lee Thompson. Dieser Film war Pecks erster Ausflug ins Horror/Thriller-Genre. Bemerkenswert ist dieser Film wegen seiner unangenehmen Übertreibungen. Und es ist auch kein Film, von dem Peck selbst sehr viel hält. Seine Darstellung als Georgia-Anwalt, der von einem psychopathischen Kriminellen terrorisiert wird, ist auf kühle, behutsame Art sehr effektiv, aber

›Cape Fear‹ – ›Ein Köder für die Bestie‹ (1962); mit Robert Mitchum.

was *Cape Fear* (›Ein Köder für die Bestie‹) wesentlich denkwürdiger macht, ist die Darstellung von Robert Mitchum als Schurke ... eine der aufwühlendsten, gemeinsten, niederträchtigsten und bösartigsten Darstellungen ihrer Art.

Die Reaktion der Kritiker auf diesen Film war geteilt. Einige hielten ihn für ein ausgezeichnetes Beispiel der ›Angst-und-Schrecken‹-Schule, während andere davon überzeugt waren, daß der Horror-Eindruck hier zu stark herausgestellt war.

Das Drehbuch beschäftigt sich mit dem Plan eines Exsträflings, sich an einem Anwalt zu rächen, der als Hauptzeuge im Prozeß gegen den Verbrecher aufgetreten war. Er wurde wegen brutaler Vergewaltigung einer Frau verurteilt, und seine Neigung zu Sexualverbrechen ist immer noch sehr stark ausgeprägt. Der Anwalt, seine Frau und seine Tochter finden das Leben immer nervenaufreibender. Ihr Hund wird vergiftet. Die Tochter wird verfolgt und entkommt nur knapp einem Überfall. Die Frau wird ständig telefonisch bedroht. Der gemeine Rächer läßt der Familie keine Ruhe. Schließlich lockt der Anwalt ihn in einen Sumpf und tötet ihn dort nach einem langen, erbitterten Kampf.

Zu diesem Zeitpunkt atmen die Zuschauer erleichtert auf. Insofern ist *Cape Fear* (›Ein Köder für die Bestie‹) zweifellos effektiv, aber bei einer schärferen Definition des von Mitchum dargestellten Charakters hätte die Wirkung noch besser und größer sein können.

Das filmische Juwel in der Peck-Krone ist *To Kill a Mockingbird* (›Wer die Nachtigall stört‹, 1963). Dieser Film brachte ihm zu Recht einen Oscar ein. Allerdings war es – wie so oft in Hollywood – eher eine Auszeichnung für eine bewundernswerte Filmkarriere als für eine einzelne Darstellung. Vielleicht waren die Wähler, genau wie das Publikum, davon überzeugt, daß der Film eins der besten Beispiele dafür ist, wie ein idealisiertes Amerika auf die Leinwand gebracht werden kann. Pecks Darstellung des Atticus Finch bietet wohl in konzentrierter Form, was Amerikaner so gern für ihre beste Eigenschaft halten: die Fähigkeit, sanft und doch fest zu sein; anständig von Gesinnung und doch solide dem Recht und der Vernunft verpflichtet. Ob das Ideal echt oder falsch ist, steht hier nicht zur Debatte.

›*To Kill a Mockingbird*‹ – ›*Wer die Nachtigall stört*‹ *(1963); mit Mary Badham.*

Mockingbird beschwört Zeit und Ort herauf: eine Kleinstadt im Süden Anfang der dreißiger Jahre. Der Film trifft ein glückliches Gleichgewicht zwischen Sentiment und Realität. Zweifellos weist er nostalgische Färbung auf. Die Story wird als Erinnerung an die Kindheit erzählt; ein liebenswerter Witwer bemüht sich, zwei Kinder – einen Sohn und eine Tochter – großzuziehen. Das muß den Zuschauern einfach gefallen.

Für Peck war es kein schwieriges Projekt. Er war selbst in einer Kleinstadt aufgewachsen und kannte den Typ von Leuten, um die es in diesem Film geht. Er behauptet, daß seine eigene Kindheit etwas Tom Sawyer'sches hatte; das verhalf ihm zum Rapport mit den Kindern der Story.

Mit ihrem Roman *To Kill a Mockingbird* (›Wer die Nachtigall stört‹) hatte Harper Lee einen Pulitzer-Preis gewonnen. Ihrer Ansicht nach war es nahezu unvermeidlich, daß Peck die Hauptrolle spielte. Ihre Konzeption von der Rolle des verwitweten Anwalts basierte auf ihrem Vater; sie bescheinigt dem Drehbuchautor Horton Foote, bei der Umwandlung ihrer Arbeit in Leinwandbilder brillante Arbeit geleistet zu haben.

Miß Lee beschreibt ihre Hauptfigur Atticus Finch als ruhigen, couragierten Mann, der in beruflichen Dingen sehr resolut und energisch, den Kindern gegenüber dagegen zärtlich war. Eben als einen Mann, auf den man sich verlassen und stützen kann. Sie behauptet, daß Peck ein solcher Mann ist.

Atticus Finch kann in seiner kleinen Alabama-Stadt nur bescheiden seinen Lebensunterhalt bestreiten, aber er tut sein Bestes, um Sohn und Tochter großzuziehen.

Eins seiner Probleme besteht darin, seine Kinder in einem Gemeinwesen aufwachsen zu lassen, in dem es ein Übermaß an Rassenvorurteilen gibt. Seine Theorien von Toleranz werden auf die Probe gestellt, als er die Verteidigung eines jungen Negers (Brock Peters) übernimmt, der wegen Vergewaltigung einer weißen Frau verhaftet wurde. Finch hält den Mann für unschuldig und baut eine würdige, plausible Verteidigung auf, die sich aber in der von Haß entflammten Stadt als zwecklos erweist. Als er mit seinen Kindern an der Seite beim Gefängnisportal auftaucht, gelingt es ihm, einen Lynch-Mob zu beruhigen und die aufgebrachten Leute von ihrem Vorhaben abzubringen. Aber der schwarze Gefangene befürchtet, daß die Lynchaktion nur aufgeschoben ist. Deshalb entflieht er aus dem Gefängnis, wird gehetzt und schließlich getötet.

›To Kill a Mockingbird‹ – ›Wer die Nachtigall stört‹ (1963) mit Philip Alford, Mary Badham und John Megna.

Die Gerichtsverhandlung wegen der Vergewaltigung ist der dramatische Brennpunkt von *To Kill a Mockingbird* (›Wer die Nachtigall stört‹), aber nicht die eigentliche Substanz der Story, die ja eine Erinnerung an Kindheit und an einen wunderbaren Vater ist, der jederzeit für Gerechtigkeit und Wahrheit eintrat.

Robert Mulligans Regie realisiert das alles mit dem genau richtigen Gleichgewicht von Sentiment und gesundem Menschenverstand.

Elmer Bernsteins leichtbeschwingte Musik gehört zu den besten Beispielen dafür, wie stark Musik einen Film stützen kann.

Mockingbird berührt zwar die Tragödie des amerikanischen Südens, vermeidet aber jegliche Anklage; höchstwahrscheinlich nur

›To Kill a Mockingbird‹ – ›Wer die Nachtigall stört‹ (1963); bei der Verhandlung von Tom Robinson (Brock Peters).

deswegen, weil der Film uns versichert, daß es Männer wie Atticus Finch gibt.

Durch die Produktion von *Mockingbird* entwickelte sich eine enge Freundschaft zwischen Gregory Peck und Harper Lee. Als Zeichen ihrer Anerkennung für seine Darstellung gab sie ihm die Uhr, die ihrem Vater gehört hatte; also diese Uhr, die auch in ihrer Story eine Rolle gespielt hatte.

Peck trug diese Uhr an dem Abend, an dem er seinen Oscar in Empfang nahm. Er behauptete, auf diese Uhr noch stolzer zu sein als auf die goldene Statuette.

Peck beschreibt sich selbst oft als farblos, aber Miß Harper glaubt, daß dies nicht nur eine falsche, sondern eine wohlüberlegt kalkulierte Einschätzung ist, um zu vermeiden, über persönliche Dinge bei Interviews ausgefragt zu werden.

Peck ist der Ansicht, daß sein persönliches Leben niemandem sonst etwas angeht. Seine Verschwiegenheit in solchen Dingen ist eine Art Abwehr gegen die allgemeine Hollywood-Theorie, daß ein Star jederzeit Freiwild für die Öffentlichkeit ist.

Harper Lee sagt: »Wenn man sich mit Greg hinsetzt, stellt man sehr rasch fest, daß er einen sehr ausgeprägten Sinn für Humor hat. Aber er hat ganz einfach das Gefühl, es nicht nötig zu haben, mit lautem Geschrei auf sich aufmerksam zu machen.«

Der späte Peck

Es läßt sich nicht bestreiten, daß Gregory Pecks Filme nach *To Kill a Mockingbird* (›Wer die Nachtigall stört‹) weniger interessant gewesen sind als seine früheren Filme. Sie waren auch ganz entschieden weniger profitabel.

Das mag für Peck zwar einigermaßen enttäuschend sein, aber diese Periode des langsamen Niedergangs ist kein Anlaß zu Alarm.

Als Peck im April 1964 seinen Oscar für *To Kill a Mockingbird* (›Wer die Nachtigall stört‹) in Empfang nahm, war er bereits seit zwanzig Jahren Filmstar. Jetzt, als dieses Buch ein Dutzend Jahre später geschrieben wird, hat sein Name noch immer einen guten Klang in Hollywood. Bei jedem Film, in dem er auftritt, steht sein Name an der Spitze. Pecks Filmkarriere ist – was die reine Länge betrifft – in der Tat bemerkenswert und beachtlich; sie zählt zu den herausragendsten Filmkarrieren überhaupt. Der beste Beweis für die Zugkraft seines Namens und für die Stärke seines Image ist wohl die Tatsache, daß Peck alle Filme, die Ende der sechziger oder Anfang der siebziger Mißerfolge wurden, überlebt hat; ganz zu schweigen von den längeren Perioden seiner Abwesenheit von der Leinwand. Er ist trotz aller Rückschläge ein bedeutender Filmschauspieler geblieben.

Der Oscar war für Peck beinahe so etwas wie ein Geschenk zu seinem achtundvierzigsten Geburtstag . . . und eine Überraschung obendrein. (Es war seine fünfte Nominierung für einen Academy Award; die anderen: *Keys of the Kingdom, The Yearling, Gentleman's Agreement* und *Twelve O'Clock High*.)

»Als ich an diesem Abend zum Santa Monica-Auditorium ging, rechnete ich vollkommen damit zu verlieren. Ich dachte, Jack Lemmon würde gewinnen, und zwar für seine sehr gute Darstellung in *Days of Wine and Roses*. Verdient hatte er es auf alle Fälle. Also war ich nicht mal nervös. Ich hatte ja früher auch schon unter den Zuschauern gesessen und verloren. Deshalb hatte ich auch bereits die Tatsache akzeptiert, daß ich auch diesmal wieder verlieren

Sophia Loren überreicht Gregory Peck den Oscar.

würde. Als Sophia Loren dann meinen Namen verlas, war mir zumute, als hätte ich soeben einen Schlag auf den Kopf bekommen. Ein merkwürdiges Gefühl der Unwirklichkeit überkam mich. Ein solches physisches Gefühl hatte ich noch nie zuvor gehabt. Ich war wie betäubt.«

Pecks Annahme der Statuette war nur sehr kurz; wahrscheinlich hatte er sich gar nicht erst die Mühe gemacht gehabt, eine Ansprache für diesen kaum erwarteten Fall vorzubereiten.

Als nächstes wurde Peck in dem Film *How the West Was Won* (›Das war der Wilde Westen‹, 1963) gesehen. Er war einer der vielen Stars, die in diesem Cinerama-Epos kleine Rollen spielten.

Der visuelle Bereich dieses Films war beeindruckend, aber die dramatische Substanz war konventionell.

Der Film war in fünf Hauptepisoden untergliedert, aufgeteilt unter drei Regisseure: Henry Hathaway, John Ford und George Marshall.

Das Drehbuch handelt von einer Familie, die vom Osten nach dem Westen auswandert. Das Geschehen spielt im frühen 19. Jahrhundert. Eine der Töchter der Familie wächst zu einer unternehmungslustigen Frau heran (Debbie Reynolds), die schließlich einen liebenswürdigen, aber gerissenen Spieler heiratet. Der Spieler unterzieht sich mehreren Sinneswandlungen, bevor er seinen unsteten Lebenswandel ändert und sich als solider Bürger niederläßt.

Peck hat es Spaß gemacht, diese Rolle zu spielen, gestattete sie ihm doch eine willkommene Abweichung von seinem eigenen Image als Personifikation eines soliden Bürgers; hier wurde ihm Gelegenheit geboten, auch einmal einen charmanten Schuft zu spielen.

Sein nächster Film *Captain Newman, M.D.* (1964) brachte Peck rasch wieder in sein altes Klischee als Mann von Substanz zurück. In der Titelrolle spielte er einen Armee-Psychiater, der 1944 eine Krankenhausstation leitet. Hier stößt er auf antiquierte Dienstvorschriften und Verhaltensweisen. Der Captain-Doktor stellt seine

---

›How the West Was Won‹ – ›Das war der wilde Westen‹ (1963); als Cleve van Valen.

›Captain Newman, M. D.‹ (1964); mit Tony Curtis.

Rechts: ›Captain Newman, M. D.‹ (1964); mit Charles Briggs.

medizinischen Verpflichtungen über seine militärische Rolle, sehr zur Bestürzung seiner Vorgesetzten, die einfach nicht verstehen können, warum geistig verletzte Männer nicht genauso schnell wieder zur Truppe zurückkehren können wie physisch verwundete Soldaten.

Der Film ist ein nicht ganz gelungener Versuch, Tragödie und Komödie miteinander zu vermengen, aber er kann vom Geist her als Vorläufer von *M.A.S.H.* bezeichnet werden. Allerdings scheint er im Vergleich zu dem 1970er Film doch recht zahm zu sein.

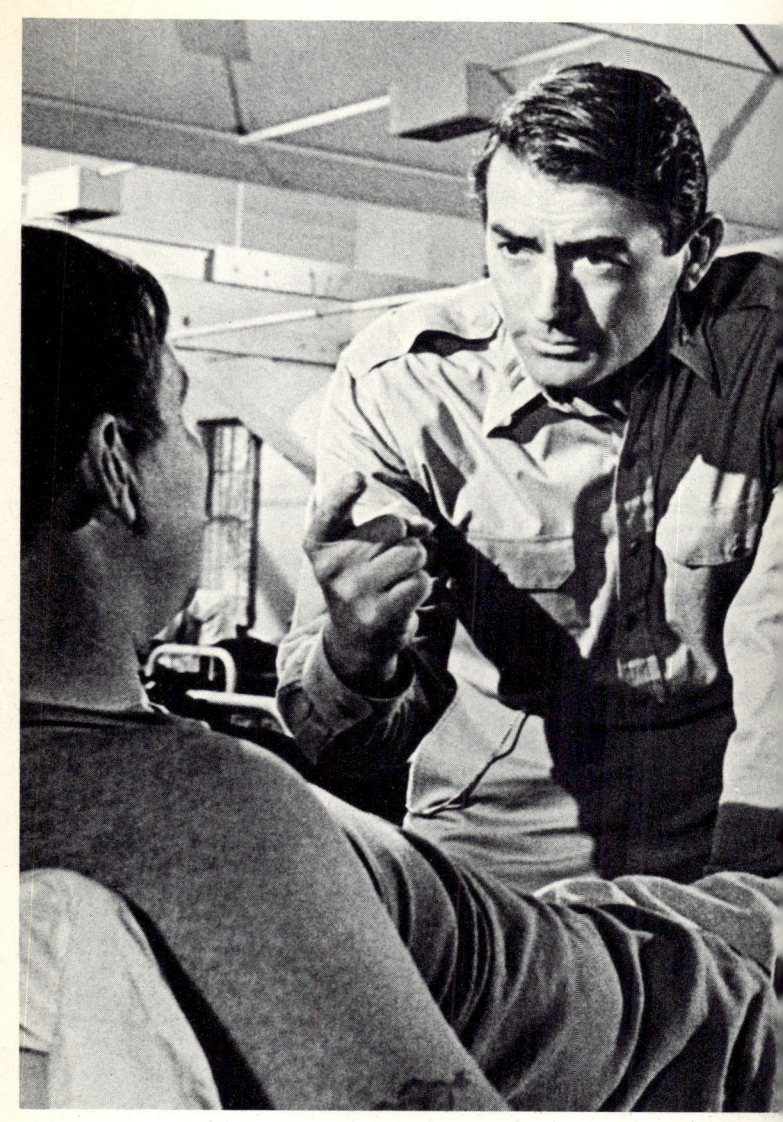

Peck spielte mit Sicherheit eine Rolle, die bis dahin für ihn schon typisch geworden war: Er stellte einen starken, ruhigen, ausgeglichenen, aber auch zuversichtlichen, selbstbewußten und überzeugenden Mann dar.

Der Film konzentriert sich auf drei Männer, die tiefe psychologische Probleme haben. Einer von ihnen ist ein dekorierter Corporal (Bobby Darin in einer Darstellung, die ihm eine Oscar-Nominierung einbrachte), der befürchtet, eigentlich ein Feigling zu sein. Dann ist da noch ein Colonel (Eddie Albert), der unter der psychischen Belastung, so viele Männer in den Tod geschickt zu haben, zum Berserker geworden ist. Der dritte Mann schließlich ist ein Pilot (Robert Duval), der von Scham besessen ist, weil er sich nach einem Absturz mit seinem Flugzeug im besetzten Europa länger als ein Jahr in einem Keller versteckt hatte.

Newmans Last bei der Behandlung dieser Probleme wird durch die Mätzchen seiner Ordonnanz (Tony Curtis) etwas leichter gemacht. Die Ordonnanz ist ein gerissener, aalglatter, etwas spitzbübischer Typ, der sich nichts daraus macht, die strengen Armee-Vorschriften zu umgehen.

Newman hat eine Romanze mit seiner schönen, verständnisvoll-mitfühlenden Krankenschwester (Angie Dickinson). Auch das kommt ihm bei seiner beruflichen Belastung etwas zugute. Newman als Psychiater ist gewissermaßen eine Armee-Version von *Mister Roberts* von der Navy. Beiden Männern gemeinsam ist das Charaktermerkmal, menschlich und auf stille Art auch stur zu sein.

In einem Interview mit Vernon Scott erinnerte sich Angie Dikkinson an ihre erste Begegnung mit Peck bei den Dreharbeiten für *Captain Newman, M. D.* und gibt zu, von ihm zunächst eingeschüchtert gewesen zu sein. Ihre Begrüßung ›Good morning, Mr. Peck‹ wurde mit der Ermahnung entgegengenommen, daß er – falls sie bei dieser steifen, formellen Anrede bleiben wollte – auf gleiche Art antworten müßte.

»Ich faßte seine grundlegende Scheu vollkommen falsch auf und hielt sie für einen Mangel an Wärme. Aber immerhin . . . für einen Schauspieler ist er schon ein eigenartiger Mann. Wenn er nichts zu sagen hat, dann redet er einfach nicht.«

Für den Film *Behold a Pale Horse* (›Deine Zeit ist um‹) fungierte Gregory als Co-Produzent von Fred Zinnemann, obwohl dies nicht

›Behold a Pale Horse‹ – ›Deine Zeit ist um‹ (1964); mit Anthony Quinn.

angekündigt wurde. Der sehr geschätzte Zinnemann führte auch Regie.

Die Story dreht sich um Haß und Rache von zwei Veteranen des spanischen Bürgerkrieges. Der Film ist – sowohl ästhetisch als auch technisch – ein bewundernswertes Werk.

Der Film ist von seiner ganzen Anlage her aber auch ziemlich weitschweifig und langweilig; es fehlt ihm an emotionalem Schwung und Eindruck.

Zinnemann drehte den Film im Baskenland von Südwestfrankreich. Es gelang dem Regisseur, die Schönheit dieser Gegend einzufangen.

Zinnemann und Peck wurden von der spanischen Regierung gewarnt, daß man dort mit der Story nicht einverstanden war; von dieser Seite war also mit keinerlei Beistand zu rechnen.

Die Produzenten nahmen den Film trotzdem in Angriff und machten ihn dann für die Spanier so wenig schmeichelhaft, daß er von ihnen verboten wurde.

Behold a Pale Horse (›Deine Zeit ist um‹) ist ganz zweifellos ein sehr ehrlicher Film, fand aber nirgendwo Beifall beim Publikum. So schloß sich dieser Streifen sehr bald den vielen anderen an, denen man zwar schwaches Lob zollte, weil sie künstlerisch und interessant waren, aber von denen kein kommerzieller Erfolg zu erhoffen war.

Die Story spielt auf der französischen Seite der spanischen Grenze, etwa zwanzig Jahre nach dem Bürgerkrieg. Es handelt sich um die Ein-Mann-Kampagne von Manuel Artiguez (Peck), den Kampf gegen die Regierung fortzusetzen, die von seinem alten Gegner Vinolas (Anthony Quinn) verkörpert wird, der jetzt ein mächtiger Polizeioffizier ist. Artiguez hat die Grenze viele Male überquert, um die Behörden zu belästigen und anzugreifen, aber er ist älter und müder geworden; seine Übergriffe erfolgen immer seltener. Vinolas hat seit langem geschworen, Artiguez zu töten; nicht nur aus persönlichen Gründen, sondern weil Artiguez unter den Spaniern seiner eigenen Gesinnung den legendären Status eines Helden angenommen hat.

Der physisch verbrauchte und geistig ausgehöhlte Artiguez rafft sich zu einem letzten Überfall zusammen. Er will ein Attentat auf Vinolas verüben und dabei selbst den Tod finden, um zum Märtyrer zu werden. Er stirbt in der Tat, aber ob sein Tod viel beweist, kann nur vermutet werden.

Behold a Pale Horse (›Deine Zeit ist um‹) ist ein gut gemachter Film über politische Vendetta und Opfer, aber er verlangt vom Zuschauer schon eine gewisse Kenntnis der Kontroverse Loyalisten-Falangisten. Der Film ist um Realismus bestrebt. Er schildert Artiguez als verbitterten, mürrischen und freudlosen Mann. Das alles würde ein solcher Mann auch zweifellos sein. Aber die Produzenten vermieden den Hauch von Romantik, die den Film vielleicht zu einem kommerziell erfolgreicheren Vehikel hätte machen können.

Als nächstes suchte sich Peck einen modernen Thriller aus. *Mirage* (›Die 27. Etage‹, 1965) wird oft im Fernsehen gezeigt, leidet aber etwas darunter, nicht allzuweit von besseren Krimi-Serien entfernt zu sein.

Ein ganz entschiedener Vorteil ist die elegante Regie von Edward Dmytryk, der New York City als Schauplatz benutzt.

Das komplizierte Script von Peter Stone verlangt vom Zuschauer äußerste Konzentration, und das scheint doch etwas zuviel zu sein.

Die Story besteht im Grunde genommen aus einer Art Ratespiel. Peck leidet an Amnesie und wird von Mördern verfolgt, deren Motive Peck genauso obskur sind wie seine eigene Vergangenheit.

Die Story beginnt in einem Wolkenkratzer; ein prominenter

›Behold a Pale Horse‹ – ›Deine Zeit ist um‹ (1964); mit Omar Sharif.

Bürger stürzt in den Tod. Peck wurde zu dem Glauben gebracht, etwas mit diesem Todesfall zu tun zu haben. Er engagiert einen Detektiv (Walter Matthau), der ihm helfen soll, das Geheimnis zu entwirren. Aber als der Detektiv ermordet wird, verstärkt sich bei Peck die Panik. Sein Dilemma wird noch größer, als er sich in eine attraktive junge Dame (Diane Baker) verliebt, die ins Komplott verwickelt ist, deren Motive aber unklar sind. Es sickert durch, daß Peck tatsächlich ein Atom-Wissenschaftler ist und mit all den Übeltaten überhaupt nichts zu tun hat.

Allerdings kann sich der Film eine kleine Moralpredigt über den Platz des zeitgenössischen Wissenschaftlers im Plan der Dinge nicht ganz verkneifen.

Für *John F. Kennedy: Years of Lightning, Day of Drums* fiel die logische Wahl auf Peck als Erzähler.

George Stevens jr. produzierte diesen Dokumentarfilm über Kennedys Amtszeit als Präsident. Bruce Herschensohn schrieb das Drehbuch und führte Regie.

Peck, schon immer aktiver Demokrat, traf bei seinem Kommentar den genau richtigen Ton mit seiner würdevollen Baritonstimme.

Arabesque (›Arabeske‹, 1966) könnte für Filmemacher sehr wohl als Warnung dienen, den Inhalt nicht auf Kosten von Stil zu opfern. Es handelt sich um einen durchaus packenden Film über Spione und Intrigen in London, aber Stanley Donen führt auf eine Art Regie, daß der Zuschauer das Gefühl haben muß, alles in Zerrspiegeln zu beobachten. Donen schwelgt geradezu darin, die Kamera ständig in Bewegung zu halten, nur Bruchstücke zu filmen und schnelle Schnitte zu machen ... und das alles bei einem Drehbuch, das selbst bei einfacher Verfilmung schon nicht leicht zu verstehen gewesen wäre!

In *Arabesque* (›Arabeske‹) spielt Peck einen amerikanischen Professor, der an der Oxford-Universität alte Sprachen unterrichtet. Er wird in einen Plan einbezogen, ein Königreich im Mittleren Osten zu übernehmen. Man verlangt von ihm, eine geheime Botschaft zu entziffern, die in Hieroglyphen geschrieben ist. Die Übersetzung wird von mehreren Parteien gesucht, die alle die Macht in diesem Land übernehmen wollen.

Der verwirrte Amerikaner bekommt Hilfe von der Geliebten (Sophia Loren) des Oberschurken, eines Ölmagnaten (Alan Ba-

›Mirage‹ – ›Die 27. Etage‹ (1965); als David.

del). Diese leutselige Dame scheint auf jeder Seite zu sein, entscheidet sich aber letztlich für den Professor. Da beschließt der Magnat, die beiden zu eliminieren. Es gibt mehrere Mordversuche und Verfolgungsjagden durch malerische Teile von London. Am Schluß stürzt der Schurke in einem Helikopter ab.

Als Beispiel für originelle Fotografie ist *Arabesque* (›Arabeske‹) interessant. Sophia Loren, diesmal mit Kreationen von Christian Dior ausgestattet, ist wie immer unwiderstehlich. Aber als Gregory-Peck-Film ist der Film schon ein seltsames Vehikel.

Bis 1969 war Peck nicht mehr auf der Leinwand zu sehen. Unglücklicherweise konnte keiner der drei in diesem Jahr verliehenen Filme viel für Pecks Popularität tun: *The Stalking Moon* (›Der große Schweiger‹), *Mackenna's Gold* und *The Chairman*. Aber sie nahmen einen großen Teil seiner Zeit in Anspruch. Alle wurden an entfernten Drehorten gemacht. Bei *Mackenna's Gold* gab es viele Produktionsprobleme.

Während dieser Periode widmete Peck auch viel von seiner Zeit sozialen, staatsbürgerlichen und politischen Anliegen.

Trotzdem ist eine Lücke von nahezu drei Jahren eine gefährlich lange Zeit für einen Schauspieler.

The Stalking Moon (›Der große Schweiger‹, 1969) ist der beste der drei Filme. Es ist ein düsterer Western unter der guten Regie von Robert Mulligan, der bei *To Kill a Mockingbird* (›Wer die Nachtigall stört‹) so gut mit Peck zusammengearbeitet hatte. Der Film ist für dieses Genre auch noch insofern ungewöhnlich, daß er ein beachtliches Spannungsmoment aufweist und mitunter geradezu erschreckend wirkt.

Der Film ist ein interessanter Bericht über den Westen, wie er wahrscheinlich wirklich war, aber Liebhaber von konventionellen Western fanden ihn schwerfällig.

Es geht um einen Armee-Scout namens Sam Varner (Peck). Nach zwanzigjähriger Dienstzeit soll er in den Ruhestand treten. Als letzten Job hat er im Arizona von 1881 eine Abteilung Soldaten begleitet, die eine Gruppe Apachen gefangennimmt. Darunter befinden sich auch eine weiße Frau namens Sarah Carver (Eva Marie Saint) und ihr zehnjähriger Sohn, ein Halbblut (Noland Clay, ein echter Apache). Aus Mitleid nimmt Varner die beiden mit auf seine Ranch in New Mexico. Aber er wird von einem mordwütigen Apachen namens Salvaje (Nathaniel Narcisco) aufgespürt. Salvaje ist der Vater des Jungen und grimmig entschlossen, ihn zurückzubekommen. Für Varner wird das Leben fortan zur Qual. Salvaje ermordet Varners Nachbarn und führt einen Nervenkrieg gegen die Leute auf der Farm. Varner begreift schließlich, daß seine einzige Hoffnung darin besteht, auszuziehen und den bis dahin unsichtbaren Indianer aufzuspüren. Eine ungemein schwierige Auf-

›Arabesque‹ – ›Arabeske‹ (1966); mit Sophia Loren.

›The Stalking Moon‹ – ›Der große Schweiger‹ (1969); mit Noland Clay und Eva Marie Saint.

Links: ›The Stalking Moon‹ – ›Der große Schweiger‹ (1969); mit Eva Marie Saint.

gabe, weil der Apache ebenfalls ein Meister im Verfolgen und Anschleichen ist. So wird die Sache zu einem Wettkampf: Wer spürt wen auf? Varner gewinnt nur um Haaresbreite.

The Stalking Moon (›Der große Schweiger‹) gehört zu den Western, die am wenigsten Klischee aufweisen. Hier wird nicht gezögert, den Indianer als gemeines, bösartiges Tier darzustellen, und das zu einer Zeit, als es Mode war, die Indianer auf der Leinwand beinahe mit Ehrfurcht zu behandeln. Der Westen wird geschildert, wie er tatsächlich gewesen sein dürfte: Beunruhigend, unendlich weit, hart und einsam.

In seiner Kritik für *Films in Review* kommentierte Page Cook: »Die Rolle des Scout im Ruhestand ist ideal für Gregory Peck, dessen Fähigkeit, moralische Stärke und Mitgefühl zu projizieren, wohl eins der inspirierendsten Momente ist, welche die Leinwand von heute bietet.«

Zur Verteidigung von *Mackenna's Gold* (1969) kann dagegen nicht viel gesagt werden. Erwähnenswert ist eigentlich nur Joseph MacDonalds prächtige Super-Panavision-Farbfotografie von Gegenden in Arizona und Oregon. Sieht man davon ab, so weist dieser Film Sprünge und Mißtöne eines fehlgeschlagenen Epos auf. Der in Superlänge gedrehte Film wurde schließlich auf eine Spieldauer von 128 Minuten zusammengeschnitten, aber diese drastische Kürzung macht sich unangenehm bemerkbar, so daß sich der Zuschauer wundert, warum so angesehene Schauspieler wie Edward G. Robinson, Raymond Massey und Lee J. Cobb so kleine Rollen spielen.

Das Drehbuch von Carl Foreman war darauf ausgerichtet, einen Western zu machen, der seinem *The Guns of Navarone* (›Die Kanonen von Navarone‹) gleichkam. Deshalb übertrug man die Regie auch wieder J. Lee Thompson. Dimitri Tiomkin wurde ebenfalls wieder hinzugezogen; man ließ ihn nicht nur die Musik schreiben, sondern setzte ihn auch noch als Co-Produzenten ein. Aber als der Film für Musik bereit war, hatte Tiomkin ganz andere Probleme; er versuchte nämlich, seinen *Tschaikowskij* in Rußland zu machen. Aber dieser Film wurde genau wie *Mackenna's Gold* ein Fehlschlag; danach verzichtete Tiomkin darauf, sich jemals wieder als Filmproduzent zu betätigen. So bekam der verpfuschte Western am Ende eine Musik von Quincy Jones, einem Komponisten, dem die Vertonung zeitgenössischer Themen wesentlich besser lag. Diese Musik hatte absolut nichts mit Tiomkin-Musik zu tun.

Die Story von *Mackenna's Gold* ist genauso leicht und seicht wie die Moral, daß Liebe und Gold die Männer verderben. Produzent Foreman konnte keinem anderen die Schuld dafür anlasten, daß dieser Film zu gigantischen Ausmaßen aufgeblasen wurde, denn schließlich hatte Foreman ja das Drehbuch selbst geschrieben.

Mackenna (Peck) ist ein Marshal, der sich eine vernichtete Indianerkarte über den Weg zu einem Gold-Canyon eingeprägt hat.

›Mackenna's Gold‹ (1969); als Mackenna.

Das Gold gehört den Apachen; sie glauben, daß ihre Götter es schützen werden. Aber einige der jungen Krieger wollen an dieses Gold heran, um Waffen für den Kampf gegen die weißen Eindringlinge zu kaufen.

Ein mexikanischer Bandit (Omar Sharif) möchte das Gold auch haben. Er fängt Mackenna und will ihn zwingen, den Weg zum Gold zu zeigen. Die Leute aus der nächsten Stadt, darunter einige der prominentesten Bürger, schließen sich der Jagd auf dieses sagenhafte Vermögen an. Als die US-Kavallerie auf der Bildfläche erscheint, um die Situation zu bereinigen, erschießt der diensthabende Sergeant einige seiner eigenen Leute, um so seine Chancen zu vergrößern, das Gold zu bekommen. Nach einer Reihe von Jagden, Kämpfen und Mißgeschicken sind schließlich nur noch fünf Männer übrig. Doch als das Gold bereits in ihrer Reichweite ist, greift die Natur ein: Wie auf ein Stichwort der Apachen-Götter wird die Landschaft von einem Erdbeben heimgesucht, das die meisten Überlebenden und das Gold verschlingt. Was dieses ohnehin schon schlappe Epos noch lächerlicher macht, ist die deutlich erkennbare Verwendung von Miniaturen in einem Sandkasten, um mit dieser Trickaufnahme das Erdbeben vorzutäuschen.

Etwas besser ging J. Lee Thompson mit Gregory Peck bei *The Chairman* (›Der gefährlichste Mann der Welt‹, 1969) um, ein Spionage-Thriller mit zeitgenössischen politischen Übertreibungen, aber viel Staat war damit auf dem Filmmarkt nicht zu machen, der im großen und ganzen nach Bond-Fantasien ausgerichtet war. Die Idee, Peck als Agenten einzusetzen, und sei es auch noch so logisch präsentiert, fand nur wenig Anklang.

Die Handlung spielt zum größten Teil in Rotchina, wenngleich der Film in Nordwales gedreht wurde. An sich ein recht interessanter Film, weil es sich um *den* ›Chairman‹ selbst handelt, nämlich um Mao (Conrad Yama), sowie um die Möglichkeiten einer amerikanisch-russischen Kooperation gegen die Chinesen.

Peck tritt als Biowissenschaftler auf, der in einer geheimen Mission nach China geschickt wird, um etwas über ein Enzym in Erfahrung zu bringen, das die Kommunisten entwickelt haben, um das Wachstum von Nahrungsmitteln zu beschleunigen. (Weil der Wissenschaftler einen weltweiten Ruf genießt, wird er von den Chinesen willkommen geheißen. Die propagandistische Plattform des Films ist simplifiziert: Die Chinesen wollen die Entdeckung für ihre eigenen Zwecke behalten, während wir sie dazu benutzen wollen, die menschliche Ernährung überall sicherzustellen.

The Chairman (›Der gefährlichste Mann der Welt‹) ist unglaubwürdig, aber wäre der Film mit etwas mehr Flair gemacht worden, würde seine Unglaubwürdigkeit weniger abschrecken. Der Anblick, wie Peck mit Mao Pingpong spielt, ist recht amüsant; der Dialog zwischen den beiden ist sehr scharfsinnig. Der Film weist auch gute Spannung auf: Pentagon-Leute haben dem Wissenschaftler ein Mini-Funkgerät in den Kopf eingepflanzt, damit man all seinen Abenteuern und Unterhaltungen folgen kann. Aber was

›Mackenna's Gold‹ (1969); mit Omar Sharif.

der arme Mann nicht weiß: Das Gerät enthält auch einen Sprengstoff, um den Wissenschaftler töten zu können, falls er den Chinesen nützlich werden sollte. Es kommt auch beinahe zu dieser Notwendigkeit. Der Erfinder des Enzyms erzählt dem Wissenschaftler, daß er dem Regime nicht sehr gewogen ist; auch der vorgesehene Verwendungszweck behagt ihm nicht. Solche Sentiments führen dazu, daß er getötet wird. Der amerikanische Wissenschaftler wird gefangengehalten. Es gelingt ihm, zu entkommen, aber er erfährt erst sehr viel später, daß auch er hätte getötet werden können, und zwar von seiner eigenen Seite. Der Film endet mit dem erstaunlichen Anblick, wie der Amerikaner sich zur russischen Grenze durchschlägt und von russischen Soldaten vor den Chinesen gerettet wird. Wenn schon nichts weiter, so regt *The Chairman* (›Der gefährlichste Mann der Welt‹) doch sehr zum Nachdenken an.

Marooned (›Verschollen im Weltraum‹, 1969) ist ein weiterer Film, der beim Publikum eigentlich hätte viel besser ankommen müssen als es der Fall war.

Es war ein ehrlicher und interessanter Bericht über das US Space Program. Die Dreharbeiten fanden in Houston und Cape Kennedy statt. Der Film beschäftigt sich mit dem Lebensstil der Astronauten und ihrer Familien, ist aber stark von fiktiver Dramatik durchsetzt.

Wer etwas Ähnliches wie Stanley Kubricks fantasievollen Film *2001* erwartete, wurde enttäuscht. *Marooned* (›Verschollen im Weltraum‹) ist eher eine Art Dokumentation mit enormem Respekt vor dem Thema, aber Columbia, Produzent Mike Frankovich und Regisseur John Sturges waren allzu optimistisch, was das Interesse des Publikums an Dingen anbelangte, die das Geschehen der Raumfahrt hinter den Kulissen betraf.

Es war ein scharfsinniger Schachzug, gerade Gregory Peck als Chef eines bemannten Raumschiffes einzusetzen, denn sein Image würdevoller Autorität wirkt ungemein beruhigend auf alle Steuerzahler.

Der britische Schriftsteller David Shipman machte eine sehr gute, treffende Bemerkung über Peck: »Er scheint ein gewisses Ethos zu repräsentieren, gewissermaßen einen Mann, den man gern als seinen Bankdirektor oder als Lehrer für seine Kinder haben möchte...«

Aber wie dem auch immer sei... die Produzenten von *Marooned* (›Verschollen im Weltraum‹) hätten sich lieber etwas mehr auf

›The Chairman‹ – ›Der gefährlichste Mann der Welt‹ (1969); als Hathaway.

›Marooned‹ – ›Verschollen im Weltraum‹ (1969); mit David Janssen.

kinematographische Aufregung und etwas weniger auf Authentizität verlassen sollen.

Es war nicht gerade eine sehr logische Wahl, Peck als einen Südstaaten-Sheriff in John Frankenheimers *I Walk the Line* (›Der Sheriff‹, 1970) einzusetzen. Diese Rolle hätte einen volkstümlicheren Schauspieler gebraucht. Da wäre Ralph Meeker, der im Film als illegitimer Schnapsbrenner auftritt und dessen Tochter (Tuesday Weld) sich in den Sheriff verliebt, schon der Vorstellung, die Drehbuchautor Alvin Sargent von diesem Charakter hatte, wesentlich nähergekommen. Beim Betrachten dieses Films und Pecks Darstellung eines gequälten Mannes fällt es erneut schwer, nicht die Bezeichnung ›American Gothic‹ zu benutzen. Nur wenige ameri-

›I Walk the Line‹ – ›Der Sheriff‹ (1970); mit Estelle Parsons.

kanische Filmschauspieler besitzen das Image oder die Präsenz, um diese Beschreibung mehr als Gregory Peck zu verdienen.

Der Fehler von *I Walk the Line* (›Der Sheriff‹) besteht vor allem darin, daß Image und Präsenz mehr sind, als der Film verlangt.

So wurde der Film auch kein Erfolg an den Kinokassen oder auf dem Fernsehschirm, aber wie jeder Frankenheimer-Film hält er einer Prüfung durchaus stand. Die schauspielerische Darstellung ist exzellent. Höchst effektiv sind auch die Außenaufnahmen in den Bergen von Nordost-Tennessee sowie einige nicht minder gute Shots im nördlichen Kalifornien. Aber der alles in allem doch recht düstere Ausblick des Films dürfte wohl gegen ihn gearbeitet haben, jedenfalls bei Zuschauern, die eine Hillbilly-Story sehen wollen.

›I Walk the Line‹ – ›Der Sheriff‹ (1970); mit Tuesday Weld.

Der Sheriff in *I Walk the Line* (›Der Sheriff‹) macht sich das Leben selbst schwer, weil er geradezu versessen auf die junge und heiratsfähige Tochter des Schnapsbrenners ist. Der Sheriff ist schon im mittleren Alter und langweilt sich mit seiner Ehefrau (Estelle Parsons); er kompromittiert sich, als er beschließt, die illegale Tätigkeit des Schnapsbrenners zu übersehen. Dieser wiederum nutzt es gerissen aus, daß der Sheriff ein Auge auf das junge Mädchen geworfen hat. Die Situation wird noch schlimmer, als der Deputy Sheriff (Charles Durning), ein ausgesprochener Opportunist, die Schnapsbrennerei ausfindig macht und vom Besitzer zufällig getötet wird. Der Sheriff, der inzwischen Frau und Kinder verlassen hat, wird zum Komplizen, weil er das Verbrechen nicht preisgibt. Aber alle seine Bemühungen sind vergeblich. Der Schnapsbrenner hält es für das beste, aus der Gegend fortzuziehen; seine Tochter hält lieber zum Vater als zum Sheriff. Die Schlußszene ist quälend: Der Sheriff bettelt das Mädchen, doch dazubleiben. Er verwundet den Vater, als dieser der Tochter zu Hilfe kommt. Das Mädchen schnappt sich einen Haken und schlägt damit auf den Sheriff ein, dessen Gesicht arg verletzt wird. Er kniet auf der Straße, während die Familie im alten, ramponierten Lastwagen davonfährt: Ein kläglicher Mann, der sich selbst ruiniert hat. Der an sich anständige Charakter wird durch Pecks eigene Ausstrahlung angeborener Würde noch bedauernswerter herausgestellt.

Die Phase in Pecks Karriere nach *To Kill a Mockingbird* (›Wer die Nachtigall stört‹) setzt sich mit langsamem Niedergang fort, zunächst mit *Shoot Out* (›Abrechnung in Gun Hill‹, 1971).

Charles Champlin, ein Kritiker mit echter Filmleidenschaft, schrieb über diesen Film in *The Los Angeles Times*: »Ein unausgeglichener, kleiner Film mit dem Titel *Shoot Out* dient in der Hauptsache als düstere Erinnerung daran, wie unzulänglich in letzter Zeit die Filmindustrie von einer ihrer Hauptpersönlichkeiten, nämlich von Gregory Peck, Gebrauch macht. Peck schreitet durch diesen mit nur sehr niedrigem Budget hergestellten Universal-Western wie ein Riese übers abgemähte Kornfeld. Er ist um Klassen besser als der Stoff und die Nebendarsteller. Aber er wirkt mit Geschick und Intensität in dieser Charade mit und beherrscht die Leinwand mit dieser zwingenden Gewalt, die Stars auszeichnet. Er ist gut . . . so wie er ja auch gut (oder besser als gut) war als ehrenhafter Sheriff, der von der eigenen Leidenschaft zerstört wird, in John Frankenheimers Melodrame *I Walk the Line* (›Der Sheriff‹). Dieser Film ist hier spurlos versunken und war ganz gewiß nicht ohne Schwächen, aber in Europa hat er nun die bewundernden Kritiken erhalten, die er verdient zu haben scheint.«

Shoot Out (›Abrechnung in Gun Hill‹) basiert auf einem Roman von Will James. Das ist gutes Quellenmaterial. Aber die Story weist viele Klischees auf. Ein Cowboy, soeben aus dem Gefängnis entlassen, macht sich verbissen daran, den Verbrecher (James Gregory) aufzuspüren, der ihn hereingelegt hat.

Der Verbrecher heuert ein paar junge Schießer an, um sich den Rächer vom Leib zu halten, aber die Gerechtigkeit nimmt schließlich doch ihren Lauf.

Ein bißchen Abwechslung bietet der Film insofern, daß der Held erfährt, der Vater einer jungen Tochter zu sein, die ihm ein sterbendes Mädchen hinterlassen hat. Aber alles wirkt zu geziert, beinahe schelmisch. (Die Schuld daran liegt allerdings beim Script, nicht bei den Darstellern.) Das langsame Tempo gereicht dem alten, erfahrenen Regisseur Henry Hathaway auch nicht gerade zur Ehre.

Mit dem widersprüchlichen Film *The Trial of the Catonsville Nine* manifestierte sich im Jahre 1972 Gregory Pecks Interesse an Filmproduktion auf geradezu dramatische Art. Dies war sein erstes Wagnis als Alleinproduzent, und er trat darin auch nicht als Schauspieler in Erscheinung. Die Wahl des Stoffes war überraschend, beschäftigte sich der Film doch mit leicht entzündbaren politischen Themen. Es gereicht Peck zur Ehre, daß er sein Geld in einen Film steckte, der kaum Profit erhoffen ließ, aber dafür einen starken moralischen Standpunkt einnahm.

Der Film wurde in Hollywood mit einem Kostenaufwand von einer Viertelmillion Dollar gedreht und handelt von einer Gruppe von Männern, überwiegend Jesuiten-Priestern, die als Protest gegen den Vietnamkrieg Wehrdienstunterlagen vernichten. Anführer war Pater Daniel Berrigan, dessen Stück – basierend auf seinen Erlebnissen – zuerst von der Center Theatre Group in Los Angeles aufgeführt wurde. (Im Film wird er von Ed Flanders gespielt.) Gordon Davidsons Regie ist zurückhaltend, und die Gerichtsver-

›Shoot Out‹ – ›Abrechnung in Gun Hill‹ (1971); als Clay Lomax.

handlung wird in einem Stil durchgeführt, der eher die religiösen als die legalen Aspekte des Falles betont.

Da der Film eher bewundernswert als aufregend war, wurde er kein Verleihgeschäft. Das vermochte jedoch Pecks Interesse daran, sich als Produzent zu betätigen, keineswegs abzukühlen.

»Die Arbeit eines Produzenten ist ungemein befriedigend. Ich hatte immer das instinktive Gefühl, daß man alles, was man über eine Rolle denkt, für sich behalten soll, statt es laut auszusprechen. Aufsparen, bis man vor der Kamera steht. Dann ist die Zeit gekommen, es auszudrücken. Jetzt kann ich objektiver und sachlicher sein. Ich liebe es jetzt, einen Film zusammenzustellen, weil ich mich als Produzent einmischen und Partei ergreifen kann. Ich kann mit der ganzen Sache viel mehr zu tun haben, als es mir als Schauspieler möglich war.«

Fast drei Jahre trennen *Shoot Out* (›Abrechnung in Gun Hill‹) von Pecks nächstem Film *Billy Two Hats* (›Begrabt die Wölfe in der Schlucht‹, 1974) ; auch ein Western, aber wesentlich interessanter, wenngleich auch ihm kein besonderer finanzieller Erfolg beschieden war.

Der Film wurde ausschließlich in Israel gedreht, wo man rauhe Landschaften leicht für den Wilden Westen halten kann.

Peck präsentiert sich in seinem ersten echten Versuch, einmal eine nicht durch Glamour ausgezeichnete Rolle zu spielen . . . als alter, bärtiger Bandit von schottischer Herkunft und mit entsprechendem Akzent. Interessant ist auch, daß der Film das Westernvorurteil gegen Indianer und Halbblütige anerkennt.

Das ursprüngliche Drehbuch von Alan Sharp konzentriert sich auf die nicht sehr originelle Idee eines sturen Sheriffs, der Banditen quer durch die Wildnis verfolgt, bis er sie stellen kann.

Die Handlung beginnt in einer Kleinstadt. Der Sheriff (Jack Warden) treibt drei Outlaws in die Enge. Der Schotte kann entkommen. Das jüngste Mitglied der Gruppe (Desi Arnaz jr.) wird geschnappt, der andere wird getötet. Als der Sheriff den jungen Banditen ins Gefängnis bringen will, lauert ihm der Schotte unterwegs auf. Der Sheriff wird verwundet. Die beiden Gesetzlosen machen sich aus dem Staub.

Da es sich bei dem jungen Burschen um ein Halbblut handelt, kann sich der Sheriff nur wundern, warum der ältere Bandit sich die Mühe gemacht hat, das Halbblut zu befreien. Dieses Vertrauens-

›Billy Two Hats‹ – ›Begrabt die Wölfe in der Schlucht‹ (1974); als Deans.

verhältnis zwischen den beiden Outlaws macht den Sheriff nur noch wütender; er ist grimmig entschlossen, sie zur Rechenschaft zu ziehen.

›Billy Two Hats‹ – ›Begrabt die Wölfe in der Schlucht‹ (1974); mit Desi Arnaz, jr.

Rechts: Während der Dreharbeiten zu dem Film ›The Dove‹ (1974).

Für sein nächstes Unterfangen als Produzent beschließt Peck, einen Film über die Abenteuer von Robin Lee Graham zu machen, der mit einem Segelboot eine Weltumsegelung machte. Der Kalifornier war noch ein Teenager, als er diese Reise unternahm. Später schrieb er mit Hilfe von Derek Gill ein Buch darüber.

Das filmische Resultat *The Dove* ist ein schöner Bildervortrag über Reiseerlebnisse; dies ist größtenteils dem hervorragenden schwedischen Kameramann Sven Nykvist zu verdanken. Aber es fehlt dem Film ganz entschieden an Aufregung und Spannung.

Es ist bedauerlich, daß eins der wahrhaft romantischen Aben-

teuer der modernen Zeit, das so dringend als Inspiration gebraucht wird, als Film nicht überzeugender gebracht werden konnte.

Die Produktion von *The Dove* beschäftigte Peck länger als anderthalb Jahre, und er gibt zu, daß es ein Erlebnis war, das er lieber nicht wiederholen möchte. Wenn er diesen Film noch einmal machen sollte, würde er sich das Drehbuch und dessen Potential bestimmt viel gründlicher ansehen; wahrscheinlich würde er vieles herausstreichen, was er bei seiner Produktion passieren hatte lassen.

Im amerikanischen Verleih hatte der Film nur kläglichen Erfolg. Die allgemeine Zuschauerreaktion war, daß *The Dove* dem Titel entsprach . . . sehr nett und freundlich, aber nicht sehr aufregend.

In einigen anderen Teilen der Welt wurde der Film dagegen wesentlich günstiger aufgenommen. In Südafrika brach er sogar Kinokassenrekorde.

Auch in Japan erwies er sich als ungemein populär. Was der Film allein in Japan einspielte, enthob Peck aller Sorgen gegenüber seinen Finanziers.

The Omen (›Das Omen‹, 1976) brachte Peck wieder ins universale Scheinwerferlicht zurück und gewann den Beifall sowohl des Publikums als auch der Kritiker für den Schauspieler und den Film.

Es war schon ziemlich lange her, daß ein Peck-Film zum Kassenschlager geworden war. Jüngere Kinogänger könnten gedacht haben, daß Peck ein ehemals großartiger Star war, der noch einmal aus seinem Ruhestand herausgetreten war.

Da *The Omen* (›Das Omen‹) ein wahrhaft erschreckender Thriller war, fand der Film auch einen durchaus aufnahmebereiten Markt.

Der Film beschäftigt sich mit dem Okkulten . . . einem Sujet, das sich seit einigen Jahren steigender Beliebtheit erfreut.

Als amerikanischer Botschafter für Großbritannien war Peck einfach ideal eingesetzt. Mit seinen sechzig Jahren war er stattlich und würdevoll wie eh und je, aber Reife hatte ihn noch gebieterischer gemacht.

Die Story dreht sich um ein Kind, das vom Botschafter und seiner Ehefrau (Lee Remick) aufgezogen wird. Im Alter von fünf Jahren hat das Kind Erscheinungen, die darauf hindeuten, daß es sich nicht um einen gewöhnlichen Jungen handelt. Er ist in der Tat ein Kind des Teufels und verursacht mehrere Todesfälle, darunter auch den Tod der eigenen Mutter. Schließlich muß der Botschafter der schockierenden Wahrheit ins Gesicht sehen und beschließt, den Jungen zu töten. Aber das Schicksal will es anders.

Die gute Regie von Richard Donner, die schauspielerische Leistung aller Beteiligten und die brillante Musik von Jerry Goldsmith machen *The Omen* (›Das Omen‹) zu einem der besten Beispiele für das Horror-Genre.

In einer Diskussion über *The Omen* (›Das Omen‹) sagte Peck: »Der Film selbst paßt in den modernen Trend, den ich wie folgt definieren möchte: Die Erforschung der äußeren Grenzen menschlichen Erlebens. In diesem Fall geht es nicht um die sexuelle Lizenz, sondern um die Auswirkung des Übernatürlichen, des Unbekannten, der Präsenz des Bösen.«

Peck gibt zu, daß die Rolle des Botschafters in *The Omen* (›Das Omen‹) nicht sehr weit von seinem eigenen Charakter entfernt ist, wenngleich er keinerlei Interesse daran hat, Botschafter zu werden oder auch nur Diplomat zu sein.

In dem Film *The Boys from Brazil*, der 1978 nach dem Bestseller des Rosemary's Baby-Autors Ira Levin entstand, konnte sich Gregory Peck zum erstenmal als wirklicher Schurke zeigen. Er spielte den ehemaligen Auschwitz-Arzt, Dr. Mengele, der in den Dschungel von Südamerika geflohen ist und dort versucht, seinen Traum von einem Vierten Reich zu verwirklichen. Der Wiener Nazijäger Jakob Liebermann kommt durch einen geheimnisvollen Anruf auf die Spur des Verbrechers und kann im letzten Augenblick eine internationale Katastrophe verhindern. In der Rolle des Jakob Liebermann konnten die Zuschauer Laurence Olivier bewundern, der den Dr. Mengele bereits in dem Film *Marathon Man* (›Der Marathon-Mann‹) gespielt hatte. Eine reizvolle Aufgabe für den berühmten Schauspieler. Die weibliche Hauptrolle wurde Lilli Palmer übertragen.

Daß der Film trotz der vielen Stars nicht in unsere Kinos kam, liegt wohl an dem – immer noch – brisanten Thema. Eigentlich unverständlich, nachdem inzwischen auch bei uns ein Film wie *Casablanca* in voller Länge zu sehen war, und die Fernsehserie Holocaust ungekürzt über die TV-Schirme flimmerte. Auch die deutschen Kinofans hätten Gregory Peck sicherlich gern in diesem international sehr erfolgreichen Film gesehen.

»Die meisten Filmstars spielen ziemlich beständig Charaktere, die ihrer eigenen Persönlichkeit sehr nahekommen. Ich habe mich ein paarmal davon getrennt. In *Duel in the Sun* (›Duell in der Son-

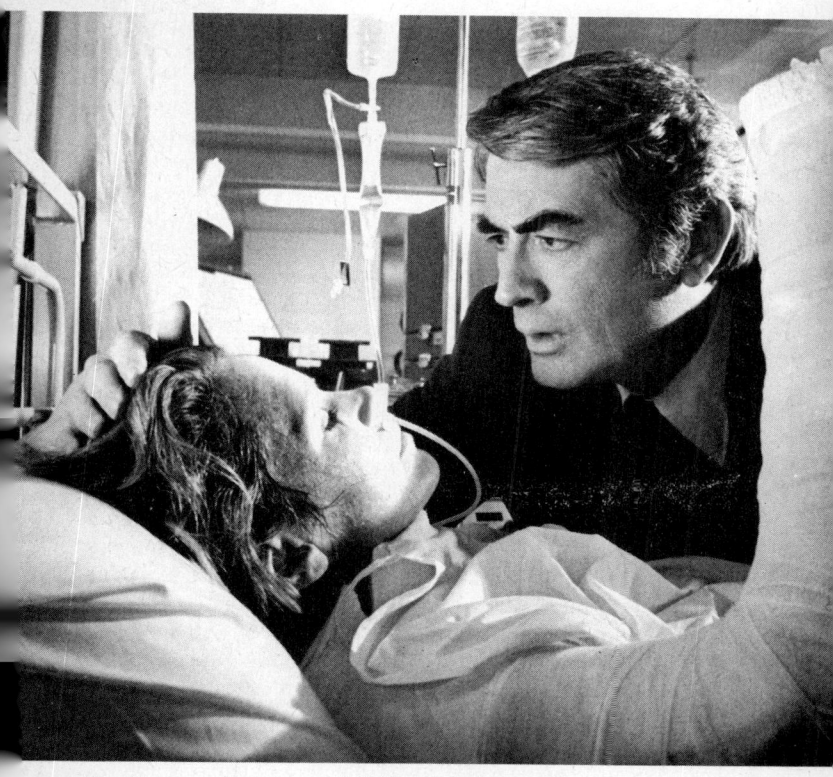

›The Omen‹ – ›Das Omen‹ (1976); mit Lee Remick.

ne‹) war ich ein echter Schurke, der verwöhnte Sohn eines reichen Mannes. Zweimal habe ich Personen mit Amnesie gespielt, in *Spellbound* (›Ich kämpfe um dich‹) und in *Mirage* Das waren ganz gewiß verwundbare Charaktere, und die Umstände der Story entzogen sich der Kontrolle der Betroffenen. Aber in der Hauptsache spiele ich den Helden-Charakter, der von Sorgen geplagt wird, die ihm manchmal von der Natur auferlegt werden, manchmal auch durch die Schwierigkeit der Aufgabe oder Mission, die er mit Loyalität, Pflichtgefühl und so weiter erfüllen muß. Manchmal bekommt er allerdings auch Kummer und Ärger durch schlechte, böse Leute.«

Es ist Peck nicht gegeben, in bezug auf seine Filme sentimental zu werden, wenngleich er zugibt, daß *To Kill a Mockingbird* (›Wer die Nachtigall stört‹) eine ganz spezielle Erinnerung darstellt: »Ich identifizierte mich emotional mit allem, was in dieser Story passierte. Das hatte fast etwas Unheimliches an sich . . . als wäre ich eigens dazu geboren, gerade das zu tun. Aber in weniger erfolgreichen Filmen habe ich viel härter gearbeitet und bin der Meinung, auch eine wesentlich bessere schauspielerische Leistung geboten und vollbracht zu haben. In dieser Hinsicht habe ich eine Theorie. Mitunter leistet man seine beste Arbeit in mittelmäßigen Filmen, weil man dann dazu aufgerufen ist, allen Scharfsinn, alle beruflichen Tricks aufzubieten, um die Wahrheit herauszubringen, die Realität und die Ideen, die selbst einer wenig aufregenden Szene noch Aufregung verleihen können. Manchmal kommt man damit durch, mitunter aber auch nicht. Ich habe in letzter Zeit mehrere Filme gemacht, die ich vielleicht lieber nicht hätte machen sollen. Sie waren nicht sehr gut. Aber es waren nun mal die besten, die man mir angeboten hatte. Ich habe sie auch nicht nur des Geldes wegen gemacht. Ich brauchte ganz einfach eine Weile, um die Gewohnheit abzuschütteln, schon sehr früh aufzustehen und ins Studio zu gehen. Ich spreche von Filmen wie *Mackenna's Gold* und *Marooned* (›Verschollen im Weltraum‹). Das Publikum strömte nicht ins Kino, um sich diese Streifen anzuschauen. Die Kritiken waren auch nicht gerade großartig. Also würde ich diese beiden Filme als schlecht bezeichnen. Daß sie nicht allzuviel taugten, wußte ich schon, als ich die Drehbücher las. Aber als ich erst einmal mit der Arbeit für diese Filme begonnen hatte, da begann ich auch an sie zu glauben. Ich will verdammt sein, wenn es nicht so war! Das beweist eben wieder einmal, daß man nicht Schauspieler und Pauline Kael gleichzeitig sein kann.«

Unter Filmhistorikern herrscht die allgemeine Ansicht, daß Gregory Peck vielleicht nicht gerade ein großartiger Schauspieler, aber doch ein sehr guter und solider Profi ist.

Aber was an Peck bewundernswert und wichtig ist, abgesehen von seinem Talent, ist der Charakter des Mannes selbst. Er projiziert seine eigene Integrität in seine Arbeit. Sein Image ist das eines *guten* Mannes. Es mag vielleicht kein schrecklich aufregendes oder

stimulierendes Image sein, aber in seiner Stärke und in den darin verwurzelten Tugenden ist es ein Image von Wert, ganz besonders für die Amerikaner.

Alles dies und die Tatsache, daß er über dreißig Jahre ein Star war, machen Gregory Peck nicht nur zu einer bedeutenden, sondern auch seltenen Gestalt in der Filmgeschichte.

Die Filme von Gregory Peck

Der Name des Regisseurs folgt dem Uraufführungsdatum. Ein (F) hinter dem Uraufführungsdatum bedeutet Farbfilm. DB = Drehbuch; b/a = basiert auf.

1. **Days of Glory.** RKO, 1944. *Jacques Tourneur.* DB: Casey Robinson; b/a Story von Melchior Lengyel.
   Besetzung: Tamara Toumanova, Alan Reed, Maria Palmer, Hugo Haas, Lowell Gilmore, Dena Penn, Glenn Vernon.
2. **The Keys of the Kingdom** (›Schlüssel zum Himmelreich‹). 20th Century Fox, 1945. *John M. Stahl.* DB: Joseph L. Mankiewicz und Nunnally Johnson; b/a Roman von A. J. Cronin.
   Besetzung: Thomas Mitchell, Vincent Price, Rosa Stradner, Roddy McDowall, Edmund Gwenn, Sir Cedric Hardwicke, Peggy N. Garner, Jane Ball, James Gleason, Anne Revere, Ruth Nelson, Benson Fong, Leonard Strong, Philip Ahn, Arthur Shields, Edith Barrett, Sara Allgood.
3. **The Valley of Decision** (›Die Entscheidung‹). MGM, 1945. *Tay Garnett.* DB: John Meehan und Sonya Levien; b/a Roman von Marcia Davenport.
   Besetzung: Greer Garson, Donald Crisp, Lionel Barrymore, Preston Foster, Gladys Cooper, Marsha Hunt, Reginald Owen, Dan Duryea, Jessica Tandy, Barbara Everest, Marshall Thompson, Mary Lord, John Warburton, Arthur Shields.
4. **Spellbound** (›Ich kämpfe um dich‹). Selznick International-United Artists, 1945. *Alfred Hitchcock.* DB: Ben Hecht; b/a Angus MacPhails Adaptation des Romans *The House of Doctor Edwardes* von Francis Beeding.
   Besetzung: Ingrid Bergman, Michael Chekhov, Jean Acker, Donald Curtis, Rhonda Fleming, Leo G. Carroll, Norman Lloyd, John Emery, Paul Harvey, Steven Geray, Erskine Sanford, Janet Scott, Victor Kilian, Wallace Ford.
5. **The Yearling** (›Die Wildnis ruft‹). MGM, 1946. (F) *Clarence Brown.* DB: Paul Osborn; b/a Roman von Marjorie Kinnan Rawlings.
   Besetzung: Jane Wyman, Claude Jarman jr., Chill Wills, Clem Bevans, Margaret Wycherly, Henry Travers, Forrest Tucker, Donn Gift, Daniel White, Matt Willis.
6. **Duel in the Sun** (›Duell in der Sonne‹). Selznick Releasing Organization, 1947. (F) *King Vidor.* DB: David O. Selznick; b/a Roman von Niven Busch in der Adaptation von Oliver H. P. Garrett.
   Besetzung: Jennifer Jones, Joseph Cotten, Lionel Barrymore, Lillian Gish, Walter Huston, Herbert Marshall, Charles Bickford, Joan Tet-

zel, Harry Carey, Otto Kruger, Sidney Blackmer, Tilly Losch, Scott McKay.

7. **The Macomber Affair** (›Affäre Macomber‹). United Artists, 1947. *Zoltan Korda.* DB: Casey Robinson und Seymour Bennett; b/a *The Short Happy Life of Francis Macomber* von Ernest Hemingway in der Adaptation von Seymour Bennett.
Besetzung: Joan Bennett, Robert Preston, Reginald Denny Frederick Worlock, Carl Harbord, Jean Gille, Earl Smith, Vernon Downing.

8. **Gentleman's Agreement** (›Tabu der Gerechten‹). 20th Century-Fox, 1947. *Elia Kazan.* DB: Moss Hart; b/a Roman von Laura Z. Hobson.
Besetzung: Dorothy McGuire, John Garfield, Celeste Holm, Anne Revere, June Havoc, Albert Dekker, Jane Wyatt, Dean Stockwell, Nicholas Joy, Sam Jaffe, Harold Vermilyea.

9. **The Paradine Case** (›Der Fall Paradine‹). Selznick Releasing Organization, 1948. *Alfred Hitchcock.* DB: David O. Selznick; b/a Roman von Robert Hitchens in der Adaptation von Alma Reville und James Bridie.
Besetzung: Charles Laughton, Charles Coburn, Ann Todd, Ethel Barrymore, Louis Jourdan, Alida Valli, Leo G. Carroll, Joan Tetzel, Isobel Elsom.

10. **Yellow Sky** (›Nevada‹, ›Herrin der toten Stadt‹). 20th Century-Fox, 1948. *William Wellman.* DB: Lamar Trotti; b/a Story von W. R. Burnett.
Besetzung: Anne Baxter, Richard Widmark, Robert Arthur, John Russell, Henry Morgan, James Barton, Charles Kemper, Robert Adler, Victor Kilian, Paul Hurst.

11. **The Great Sinner** (›Der Spieler‹). MGM, 1949. *Robert Siodmak.* DB: Ladislas Fodor und Christopher Isherwood; b/a dem Roman *Der Spieler* von Dostojewski in der Adaptation von Ladislas Fodor und Rene Fueloep-Miller.
Besetzung: Ava Gardner, Melvyn Douglas, Walter Huston, Ethel Barrymore, Agnes Moorehead, Frank Morgan, Frederick Ledebur, Ludwig Donath, Curt Bois, Ludwig Stossel.

12. **Twelve O'Clock High** (›Der Kommandeur‹). 20th Century-Fox, 1949. *Henry King.* DB: Sy Bartlett und Beirne Lay; b/a ihrem Roman.
Besetzung: Hugh Marlowe, Gary Merrill, Millard Mitchell, Dean Jagger, Robert Arthur, Paul Stewart, John Kellogg, Robert Patton, Lee MacGregor.

13. **The Gunfighter** (›Der Scharfschütze‹, ›Scharfschütze Jimmy Ringo‹) 20th Century-Fox, 1950. *Henry King.* DB: William Bowers und William Sellers; b/a Story von Bowers und André De Toth.
Besetzung: Helen Westcott, Millard Mitchell, Jean Parker, Karl Malden, Skip Homeier, Anthony Ross, Verna Felton, Ellen Corby, Richard Jaeckel.

14. **Captain Horatio Hornblower** (›Des Königs Admiral‹). Warner Brothers, 1951. (F) *Raoul Walsh*. DB: Ivan Goff, Ben Roberts und Aeneas MacKenzie; b/a C. S. Foresters Adaptation seines eigenen Stoffes.
Besetzung: Virginia Mayo, James Robertson Justice, Robert Beatty, Dennis O'Dea, Terence Morgan, Moultrie Kelsall, James Kenney.
15. **Only the Valiant** (›Bis zum letzten Atemzug‹). Warner Brothers, 1951. *Gordon Douglas*. DB: Edmund H. North und Harry Brown; b/a Roman von Charles Marquis Warren.
Besetzung: Ward Bond, Gig Young, Barbara Payton, Lon Chaney, Neville Brand, Jeff Corey, Warner Anderson, Steve Brodie.
16. **David and Bathsheba** (›David und Batseba‹). 20th Century-Fox, 1951. (F) *Henry King*. DB: Philip Dunne.
Besetzung: Susan Hayward, Raymond Massey, Kieron Moore, James Robertson Justice, Jayne Meadows, John Sutton, Dennis Hoey, Francis X. Bushman.
17. **The World in his Arms** (›Sturmfahrt nach Alaska‹).Universal, 1952. (F) *Raoul Walsh*. DB: Borden Chase; b/a Roman von Rex Beach.
Besetzung: Ann Blyth, Anthony Quinn, John McIntyre, Andrea King, Carl Esmond, Eugenie Leontovich, Sig Ruman, Bryan Forbes, Hans Conreid, Rhys Williams.
18. **The Snows of Kilimanjaro** (›Schnee am Kilimandscharo‹). 20th Century-Fox, 1952. (F) *Henry King*. DB: Casey Robinson; b/a Story von Ernest Hemingway.
Besetzung: Susan Hayward, Ava Gardner, Hildegarde Neff, Leo G. Carroll, Torin Thatcher, Ava Norring, Helene Stanley, Marcel Dalio, Vincente Gomez.
19. **Roman Holiday** (›Ein Herz und eine Krone‹). 20th Century-Fox, 1954. (F) *Nunnally Johnson*. DB: Ian McLellan Hunter und John Dighton; b/a Story von Hunter.
Besetzung: Audrey Hepburn, Eddie Albert, Hartley Power, Laura Solari, Harcourt Williams, Margaret Rawlings, Tullio Carminati.
20. **Night People.** 20th Century-Fox, 1954. (F) *Nunnally Johnson*. DB: Nunnally Johnson; b/a Story von Jed Harris und Thomas Reed.
Besetzung: Broderick Crawford, Anita Bjork, Rita Gam, Walter Abel, Buddy Ebsen, Casey Adams, Jill Esmond, Peter Van Eyck, Marianne Koch.
21. **Man With a Million** (›Sein größter Bluff‹). United Artists, 1954. (F) *Ronald Neame*. DB: Jill Cragie; b/a Story *The Million Pound Banknote* von Mark Twain.
Besetzung: Jane Griffith, Ronald Squire, A. E. Matthews, Wilfried Hyde-White, Reginald Beckwith, Hartley Power, Brian Oulton, Wilbur Evans.
22. **The Purple Plain** (›Flammen über Fernost‹). United Artists, 1955. (F) *Robert Parrish*. DB: Eric Ambler; b/a Roman von H. E. Bates.

Besetzung: Bernard Lee, Maurice Denham, Brenda De Banzie, Lyndon Brook, Win Min Than, Ram Gopal.
23. **The Man in the Gray Flannel Suit** (›Der Mann im grauen Flanell‹). 20th Century-Fox, 1956. (F) *Nunnally Johnson*. DB: Nunnally Johnson; b/a Roman von Sloan Wilson.
Besetzung: Jennifer Jones, Fredric March, Marisa Pavan, Ann Harding, Lee J. Cobb, Keenan Wynn, Gene Lockhart, Gigi Perreau, Portland Mason, Arthur O'Connell, Henry Daniell, Connie Gilchrist.
24. **Moby Dick.** Warner Brothers, 1956. (F) *John Huston*. DB: Ray Bradbury und John Huston; b/a Roman von Herman Melville.
Besetzung: Richard Basehart, Leo Genn, Orson Welles, James Robertson Justice, Harry Andrews, Bernard Miles, Noel Purcell, Edric Connor, Mervyn Johns, Joseph Tomelty.
Bereits 1926 und 1930 verfilmt.
25. **Designing Woman** (›Warum hab' ich ja gesagt‹). MGM, 1957. (F) *Vincente Minnelli*. DB: George Wells; b/a Story von Helen Rose.
Besetzung: Lauren Bacall, Dolores Gray, Sam Levene, Tom Helmore, Mickey Shaughnessy, Jesse White, Chuck Connors, Edward Platt.
26. **The Bravados** (›Bravados‹). 20th Century-Fox, 1958. (F) *Henry King*. DB: Philip Yordan; b/a Roman von Frank O'Rourke.
Besetzung: Joan Collins, Stephen Boyd, Kathleen Gallant, Barry Coe, Lee Van Cleef, George Voskovec, Herbert Rudley, Andrew Duggan, Ken Scott.
27. **The Big Country** (›Weites Land‹). United Artists, 1958. (F) *William Wyler*. DB: James R. Webb, Sy Bartlett und Robert Wilder; b/a Roman von Donald Hamilton in der Adaptation von Jessamyn West und Robert Wilder.
Besetzung: Jean Simmons, Carroll Baker, Charlton Heston, Burl Ives, Charles Bickford, Alfonso Bedoya, Chuck Connors.
28. **Pork Chop Hill.** United Artists, 1959. *Lewis Milestone*. DB: James R. Webb; b/a Buch von S. L. A. Marshall.
Besetzung: Rip Torn, Harry Guardino, James Edwards, George Peppard, Woody Strode, George Shibata, Norman Fell, Biff Elliot, William Wellman jr., Martin Landau, Bob Steele.
29. **Beloved Infidel** (›Die Krone des Lebens‹). 20th Century-Fox, 1959. (F) *Henry King*. DB: Sy Bartlett; b/a Buch von Sheilah Graham und Gerold Frank.
Besetzung: Deborah Kerr, Eddie Albert, Philip Ober, Herbert Rudley, John Sutton, Karin Booth, Ken Scott, Buck Class.
30. **On the Beach** (›Das letzte Ufer‹). United Artists, 1959. *Stanley Kramer*. DB: John Paxton und James Lee Barrett; b/a Roman von Nevil Shute.
Besetzung: Ava Gardner, Fred Astaire, Anthony Perkins, Donna Anderson, John Tate, Lola Brooks, Lou Vernon, Guy Doleman, Ken Wayne.

31. **The Guns of Navarone** (›Die Kanonen von Navarone‹). Columbia, 1961. (F) *J. Lee Thompson.* DB: Carl Foreman; b/a Roman von Alistair MacLean.
Besetzung: David Niven, Anthony Quinn, Stanley Baker, Anthony Quayle, Irene Papas, Gia Scala, James Darren, James Robertson Justice, Richard Harris.
32. **Cape Fear** (›Ein Köder für die Bestie‹). Universal-International, 1962. *J. Lee Thompson.* DB: James R. Webb; b/a Roman *The Executioners* von John D. MacDonald.
Besetzung: Robert Mitchum, Polly Bergen, Lori Martin, Martin Balsam, Jack Kruschen, Telly Savalas, Barrie Chase, Paul Comi.
33. **To Kill a Mockingbird** (›Wer die Nachtigall stört‹). Universal-International, 1963. *Robert Mulligan.* DB: Horton Foote; b/a Roman von Harper Lee.
Besetzung: Mary Badham, Philip Alford, John Megna, Frank Overton, Rosemary Murphy, Ruth White, Brock Peters, Estelle Evans, Paul Fix.
34. **How the West Was Won** (›Das war der Wilde Westen‹). MGM, 1963. (F) *John Ford, Henry Hathaway* und *George Marshall.* DB: James R. Webb; b/a einer Artikelserie in *Life*.
Besetzung: Carroll Baker, Lee J. Cobb, Henry Fonda, Carolyn Jones, Karl Malden, George Peppard, Robert Preston, Debbie Reynolds, James Stewart, John Wayne, Richard Widmark.
35. **Captain Newman, M. D.** Universal, 1964. (F) *David Miller.* DB: Richard L. Breen und Phoebe und Henry Ephron; b/a Roman von Leo Rosten.
Besetzung: Tony Curtis, Angie Dickinson, Eddie Albert, Bobby Darin, James Gregory, Jane Withers, Bethel Leslie, Robert Duvall, Dick Sargent, Larry Storch.
36. **Behold a Pale Horse** (›Deine Zeit ist um‹). Columbia, 1964, *Fred Zinnemann.* DB: J. P. Miller; b/a Roman von Emeric Pressburger.
Besetzung: Anthony Quinn, Omar Sharif, Raymond Pellegrin, Paola Stoppa, Mildred Dunnock, Daniela Rocca, Christian Marquand.
37. **Mirage** (›Die 27. Etage‹). Universal, 1965. *Edward Dmytryk.* DB: Peter Stone; b/a Story von Walter Ericson.
Besetzung: Diane Baker, Walter Matthau, Kevin McCarthy, Jack Weston, Leif Erickson, Walter Abel, George Kennedy, Robert H. Harris, Anne Seymour, House B. Jameson, Hari Rhodes.
Remake als *Jigsaw* (1968).
38. **Arabesque** (›Arabeske‹). Universal, 1966. (F) *Stanley Donen.* DB: Julian Mitchell, Stanley Price und Pierre Marton; b/a Roman *The Cipher* von Gordon Cotler.
Besetzung: Sophia Loren, Alan Badel, Kieron Moore, Carl Duering, John Marivale, Duncan Lamont, George Coulouris, Ernest Clark, Harold Kasket.

39. **The Stalking Moon** (›Der große Schweiger‹). National General, 1969. (F) *Robert Mulligan*. DB: Alvin Sargent; b/a Roman von Theodore V. Olsen in der Adaptation von Wendell Mayes.
Besetzung: Eva Marie Saint, Robert Forster, Noland Clay, Nathaniel Narcisco, Frank Silvera.
40. **Mackenna's Gold.** Columbia, 1969. (F) *J. Lee Thompson*. DB: Carl Foreman; b/a Roman von Will Henry.
Besetzung: Omar Sharif, Telly Savalas, Camilla Sparv, Keenan Wynn, Julie Newmar, Lee J. Cobb, Raymond Massay, Burgess Meredith, Anthony Quayle, Edward G. Robinson.
41. **The Chairman** (›Der gefährlichste Mann der Welt‹). 20th Century-Fox, 1969. (F) *J. Lee Thompson*. DB: Ben Maddox; b/a Roman von Jay Richard Kennedy.
Besetzung: Anne Heywood, Arthur Hill, Alan Dobie, Conrad Yama, Eric Young, Keye Luke, Francisca Tu.
42. **Marooned** (›Verschollen im Weltraum‹). Columbia, 1969. (F) *John Sturges*. DB: Mayo Simon.
Besetzung: Richard Crenna, David Janssen, James Franciscus, Gene Hackman, Lee Grant, Nancy Kovack, Mariette Hartley, Scott Brady, Frank Marth, Craig Huebing, John Carter.
43. **I Walk the Line** (›Der Sheriff‹). Columbia, 1970. (F) *John Frankenheimer*. DB: Alvin Sargent; b/a Roman *The Exile* von Madison Jones.
Besetzung: Tuesday Weld, Estelle Parsons, Ralph Meeker, Lonny Chapman, Charles Durning.
44. **Shoot out** (›Abrechnung in Gun Hill‹). Universal, 1971. (F) *Henry Hathaway*. DB: James Poe und Marguerite Roberts; b/a Roman *Lonesome Cowboy* von Will James. (Zweitverfilmung; wurde 1934 von Paul Sloan unter dem Romantitel zum erstenmal verfilmt.)
Besetzung: Robert F. Lyons, Susan Tyrell, Dawn Lyn, Pat Quinn, James Gregory, Jeff Corey, Rita Gam.
45. **Billy Two Hats** (›Begrabt die Wölfe in der Schlucht‹). United Artists, 1974. (F) *Ted Kotcheff*. DB: Alan Sharp.
Besetzung: Desi Arnaz jr., Jack Warden, Sian Barbara Allen, David Huddleston, John Pearce, Dawn Littlesky, Vincent St. Cyr.
46. **The Omen** (›Das Omen‹). 20th Century-Fox, 1976. (F) *Richard Donner*. DB: David Seltzer.
Besetzung: Lee Remick, David Warner, Billie Whitelaw, Leo McKern, Harvey Stephens, Patrick Troughton, Anthony Nicholls, Martin Benson.
47. **MacArthur** (›MacArthur – Held des Pazifik‹). Universal, 1977. (F) *Joseph Sargent*. DB: Hal Barwood, Matthew Robbins und Stanley Greenberg.
Besetzung: Ed Flanders, Nicolas Coster, Sandy Kenyon, Russell Johnson, Allen Miller, Dick O'Neill, Kenneth Tobey.

48. **The Boys from Brazil.** 20th Century-Fox, 1978. (F) *Franklin J. Schaffner*. DB: Heywood Gould; b/a Roman von Ira Levin.
Besetzung: Laurence Olivier, James Mason, Lilli Palmer.

Bibliographie

Aus folgenden Artikeln habe ich Material bezogen:

Gregory Peck von Jeanne Stein (*Films in Review*, März 1967)
Phantom Star von Pete Martin (*Saturday Evening Post*, September 1946)
Concentration von Gordon Gow (*Films and Filming*, September 1974)
The Gregory Pecks von Marshall Berges (*Los Angeles Times*, 21. Juli 1974)
Gregory Peck von Vernon Scott (*McCall's*, September 1963)

Register

Albert, Eddie *90*, 146
Alford, Philip *137*
All Quiet on the Western Front 118
Arabesque 150 f., *153*
Arnaz, jr., Desi 168, *170*
Arthur, Robert *65*
Astaire, Fred *128*

Bacall, Lauren 107, *108*, 109, *111*
Badel, Alan 150 f.
Badham, Mary *135*, *137*
Baker, Carroll 116
Baker, Diane 150
Barnes, George 38
Barrymore, Diana 18
Barrymore, Ethel 66
Barrymore, John 103
Barrymore, Lionel 36, *44*, 45
Bartlett, Sy 122, 133
Barton, James 63
Basehart, Richard 106, 122
Baxter, Anne 63, 65
Behold a Pale Horse 146 ff., *147*, *149*
Beloved Infidel 121 f., *121*, *122*, *124*, 125
Bennett, Joan 46, *49*
Benny, Jack 110
Bergman, Ingrid 36, *37*, *38*, 39
Bernstein, Elmer 137
Bickford, Charles 45, 46, 116
Big Country, The 115 ff., *115*, *117*
Billy Two Hats 168 f., *169*, *170*
Blyth, Ann 84
Boys from Brazil, The 174

Bradbury, Ray 103
Brando, Marlon 54
Bravados, The 110 ff., *112*, *113*, 116
Bridge on the River Kwai 129
Briggs, Charles *145*
Brown, Kay 24
Burns, George 110

Cape Fear 133 f., *134*
Captain Horatio Hornblower 76, *77*, *78*, 84
Captain Newman, M. D. 142 ff., *144*, *145*
Chairman, The 152, 158 ff., *161*,
Chase, Borden 84
Clay, Noland 152, *155*
Cobb, Lee J. 156
Coburn, Charles *57*
Collins, Joan 112
Colman, Ronald 58
Cooper, Gary 75
Cornell, Katherine 20
Cotton, Joseph 45, 54
Cowl, Jane 22
Crawford, Broderick 95
Crisp, Donald *34*, 36
Curtis, Tony *144*, 146

Dali, Salvador 38
Darin, Bobby 146
David and Bathsheba 80 ff., *81*, *82*
Davidson, Gordon 166
Days of Glory 25 f., *27*, *28*, *29*
Days of Wine and Roses 141

188

Dean, James 54
DeMille, Cecil B. 80
Designing Woman 108, 109 f., *111*
Dickinson, Angie 146
Dirty Dozen, The 79
Dmytryk, Edward 149
Donner, Richard 174
Douglas, Melvyn 66
Dove, The 170 ff., *171*
Duel in the Sun 31, 39 f., 42, *44, 45* f., *47,* 174 f.
Dunne, Philip 80, 81
Durning, Charles 165
Duryea, Dan 34
Duval, Robert 146

Ebsen, Buddy *94*
Esmond, Carl 84

Ferrer, Mel 54
Fitzgerald, Geraldine *15,* 22
Flanders, Ed 166
Flynn, Errol 75, 78, 84
Foote, Horton 136
Ford, John 142
Foreman, Carl 129, 156
Frankenheimer, John 162, 163, 165 f.
Frankovich, Mike 160

Gam, Rita *94*
Garbo, Greta 56
Gardner, Ava 66, *67,* 86, *127,* 129
Garfield, John *50,* 52
Garson, Greer 32, *35,* 36
Gaslight 55
Gentleman's Agreement 50, 51, *51,* 52, 54, 55, 141

Gibbons, Cedric 40
Goldsmith, Jerry 174
Gone With the Wind 42, 61
Gow, Gordon 126
Graham, Sheilah 122, 125
Grant, Cary 109
Gray, Dolores 107, 109
Great Sinner, The 66, *67*
Gregory, James 166
Groesse, Paul 40
Guardino, Harry *118*
Gunfighter, The 68, 71 f., *73, 74,* 75, 89
Guns of Navarone, The 129 ff., *130, 131,* 156

Hardwicke, Sir Cedric *33*
Hart, Moss 52
Hathaway, Henry 142, 166
Hayward, Leland 32
Hayward, Susan *81,* 82, 86, *87*
Hecht, Ben 37, 38
Hemingway, Ernest 46, 50, 88
Hepburn, Audrey 89 f., *90, 91,* 92
Hepburn, Katharine 109
Herrmann, Bernard 85
Heston, Charles 116
High Noon 75
Hitchcock, Alfred 36, 37 f., 39, 57 f., 59, 61 f.
How the West Was Won 142, *143*
Huston, John 103, 104, 105, 107
Huston, Walter 66, 103
Hyde-White, Wilfried *96*

I Walk the Line 162 ff., *163, 164,* 166
Ives, Burl 115, 116

189

Jagger, Dean 68
Janssen, David *162*
Jarman, jr., Claude 40, *41, 43*
Johnson, Nunnally 32, 92, 95, 100
Jones, Jennifer 37, 42, 45, 46, *47,* 54
Jones, Quincy 156
Jourdan, Louis 58
Justice, James Robertson *82*

Kazan, Elia 54
Kerr, Deborah *121,* 122, *124,* 125
Keys of the Kingdom, The 30, 31 f., *33,* 42, 141
King, Henry 7, 68, 71, 80, 85, 110, 112, 114, 125, 126
Kramer, Stanley 126, 128, 129
Kubrick, Stanley 160

Lean, David 99
Lemmon, Jack 141
Lincoln, Abraham 7, 24, 104, 105
Loren, Sophia *140,* 142, 150, 151, *153*

MacDonald, Joseph 156
Mackenna's Gold 152, 156 ff., *157, 159,* 176
Macomber Affair, The 46, *48, 49,* 50
Man in the Gray Flannel Suit, The 100, *101, 102*
Man With a Million 95 ff., *96*
Mankiewicz, Joseph L. 32
March, Frederic 102
Marooned 160, *162,* 176
Marshall, George 142
Massey, Raymond *82,* 156

Matthau, Walter 150
Mayer, Louis B. 33 f.
Mayo, Virginia 76
Mc Canles, Lewt 63
McClintic, Guthrie 20
McGuire, Dorothy *51,* 52, 54
McIntyre, John *83*
Meeker, Ralph 162
Megna, John *137*
Merrill, Gary 68
Milestone, Lewis 118, 120
Miller, Arthur 72
Minnelli, Vincente 107
Mirage 148 ff., *151,* 175
Mission to Moscow 26
Mitchell, Millard *70,* 72, *73*
Mitchum, Robert *133,* 134
Moby Dick 103 ff., *104, 105, 107*
Moross, Jerome 115
Morris, Maynard 20
Morris, Oswald 105, 132
Mulligan, Robert 137, 152

Narcisco, Nathaniel 152
Neame, Ronald 95
Newman, Alfred 72, 80
Night People 92 f., *93,* 94, *94*
Niven, David 130, *130,* 132
Nykvist, Sven 170

Olivier, Laurence 58, 174
Omen, The 172, 173 f., *175*
On the Beach 126 ff., *127, 128*
O'Neil, Barbara 22
Only the Valiant 79, *79,* 80
Ox-Bow Incident, The 63

Palmer, Lilli 174
Paradine Case, The 56 ff., *56, 57, 59,* 61, 62

190

Parker, Jean 73
Parsons, Estelle 163, 165
Payton, Barbara 80
Peters, Brock 136, *138*
Planer, Franz 115
Pork Chop Hill 118, *118, 119*, 120 f.
Preston, Robert 46, *48*
Purple Plain, The 95, 97, *97*, 99

Quayle, Anthony *131*, 132
Quinn, Anthony *83*, 84, 130, *147*, 148

Reinhardt, Max 22, 24
Remick, Lee 173, *175*
Revere, Anne *50*
Reynolds, Debbie 142
Robinson, Casey 25, 26, 31, 46, 85
Robinson, Edward G. 156
Roman Holiday 89 f., *90, 91*, 107
Rosza, Miklos 38, 50

Saint, Eva Marie 152, *154, 155*
Sargent, Alvin 162
Scott, Martha 22
Selznick, David O. 24 f., 31, 36 ff., 42, 45, 56 ff., 59, 61, 62, 63
Shamroy, Leon 85
Sharif, Omar *149*, 158, *159*
Sharp, Alan 168
Shoot Out 165 f., *167*, 168
Silva, Henry 111
Since You Went Away 61
Siodmak, Robert 66
Snows of Kilimanjaro, The 85 f., *85, 87*, 88
Song of Russia 26

Spellbound 36, *37, 38*, 38 f., 50 f., 175
Stalking Moon, The 152 ff., *154, 155*
Stone, Peter 149
Stothart, Herbert 40
Sturges, John 160

Thompson, J. Lee 132, 133, 156, 158
Tiomkin, Dimitri 42, 132, 156
To Kill a Mockingbird 134 ff., *135, 137*, 141, 152, 165, 176
Todd, Ann 59
Torn, Rip *119*
Toumanova, Tamara 25, 26, *27*, 29
Tourneur, Jacques 29
Tracy, Spencer 109
Trial of the Catonsvill Nine, The 166
Trotti, Lamar 63
Troughton, Patrick *172*
Twelve O'Clock High 7, 68, *69, 70*, 71, 89, 97, 141

Valley of Decision, The 32, *34, 35*, 36
Valli, Alida *56*, 58
Vidor, King 42
Vjork, Anita *93*

Wald, Jerry 122
Walsh, Raoul 75, 76, 84
Warden, Jack 168
Weld, Tuesday 162, *154*
Wellman, William 63
Widmark, Richard 63

Win Min Than 99
Woman of the Year 105
World in His Arms, The 83 f., *83*
Wyler, William 89, 92, 116
Wyman, Jane 40, *41*

Yama, Conrad 158

Yearling, The 14, 31, 39 f., *41,* 42, *43,* 141
Yellow Sky 63, 65, *65*

Zanuck, Darryl F. 31, 32, 51, 52, 85, 100, 125
Zinnemann, Fred 146 ff.